Wiebke Wetschera

Zu Fuß durch HANNOVER

12 Spaziergänge

Droste Verlag

AUS DEM INHALT

Zu Fuß durch HANNOVER

VORWORT

„Wir **können** alles außer Hochdeutsch" ist ein Satz, mit dem das Land Baden-Württemberg für sich wirbt. Damals, in Stuttgart wohnhaft, fand ich das einen pfiffigen Slogan, als Nordlicht im Schwabenland konnte ich das definitiv unterschreiben. Was für eine Ironie, dass es mich – aus der zur Metropole des Hochdeutschs ernannten Stadt Hannover – nach Baden-Württemberg verschlagen hat. Überhaupt klebt dieses Etikett Hochdeutsch auf der Stadt wie kein anderes. Wann immer ich im Smalltalk mit Süddeutschen erwähne, dass ich aus Hannover komme, wird mir entgegnet: Die Hannoveraner, das sind doch die mit dem perfekten Hochdeutsch. Ich belächle das und denke mir: Hannover ist so viel mehr als das.

Hannover ist mehr als der Umsteigebahnhof auf dem Weg nach Hamburg oder Berlin. Hannover ist mehr als die Leine, der Maschsee und die Herrenhäuser Gärten. Hannover ist mehr als der Leibniz-Keks, mehr als Continental, mehr als Hannover 96. Für mich ganz persönlich ist Hannover der Ort, an dem ich meine Kindheit verbracht habe. Tretbootfahren auf dem Maschsee, die ersten Züge schwimmen im Nord-Ost-Bad, Kindergeburtstage im Deister. Hannover ist der Ort, an dem ich erwachsen geworden bin. Erste Dates im Kino, feiern in den Clubs am Raschplatz, Praktikum bei der Zeitung. Hannover ist und bleibt mein Zuhause. Nach der Schule dann der Auszug aus dem Elternhaus, raus in die weite Welt. Über den eigenen Tellerrand hinauszuschauen und andere Orte zu erleben, hat meine Perspektive auf die Stadt noch mal grundlegend geändert. Jeden Besuch habe ich genossen, weil mir neben meinen Liebsten auch die Stadt an sich fehlte. Und plötzlich fing ich an, sie wieder für mich zu entdecken. Ich wollte Hannover neu erleben, denn ich begriff: Es gibt noch so viele unentdeckte Ecken und Winkel und interessante Geschichten zu erkunden. Gesagt, getan!

Dieses Buch zu schreiben war für mich eine intensive Wiederbegegnung mit der Stadt. Ich habe so viel Neues über meine Heimatstadt gelernt. Die 12 Spaziergänge laden dazu ein, die unterschiedlichen Facetten von Hannover kennenzulernen. Ich habe all das aufgeschrieben und mit Fotos festgehalten, was die Landeshauptstadt zu bieten hat. Ob Street-Art im Szeneviertel, Kunst und Kultur in der Südstadt oder Erfindungen, die aus Hannover stammen. Entstanden ist eine vielfältige Städtereise für Einheimische wie für Besucher, die einmal mehr beweist: Hannover kann so viel mehr als nur Hochdeutsch.

Wiebke
Wetschera

1 INNENSTADT

Start/Ziel: U-Bahn-Station Hauptbahnhof, 30161 Hannover
(GPS 52°22'40.3"N 9°44'34.7"E)
Länge: ca. 4 Kilometer
Dauer: ca. 3 Stunden
ÖPNV: Haltestelle Hauptbahnhof, U-Bahn-Linien U 1, U 2, U 3, U 7, U 8, U 9
Parken: Parkhäuser gibt es am Hauptbahnhof oder
an der Ernst-August-Galerie

Unterwegs entdeckt:

1 Galerie Luise
2 Opernhaus
3 Aegidienkirche
4 Neues Rathaus
5 Waterloosäule
6 Leine
7 Ballhofplatz
8 Leineschloss
9 Kramerstraße
10 Marktkirche
11 Altes Rathaus
12 Markthalle
13 Kröpcke
14 Ernst-August-Denkmal

Essen + Trinken:

Sich gemütlich in einem der grünen Liegestühle zurücklehnen, einen Schluck aus der dampfenden Teekanne in die geblümte Tasse füllen, den ersten Bissen der hausgemachten Zimtschnecken schon im Mund – das ist die Definition einer Pause im **Teestübchen am Ballhof.** Man hat die Wahl aus 40 Teesorten, außerdem gibt's Kaffee und Kuchen nach Familienrezepten (Ballhofplatz 2, 30159 Hannover, www.teestuebchen-hannover.de).

In der **Markthalle** bieten 50 Händler ihre Leckereien an – es ist also für jeden etwas dabei. Einfach durch die Reihen der Halle schlendern und da stehen bleiben, wo es gut riecht oder lecker aussieht (Kamarschstraße 49, 30159 Hannover, http://www.markthalle-in-hannover.de).

Ein erstes Date mit den Sehenswürdigkeiten

Beim ersten Date geht es darum, sich bekannt zu machen – nicht nur mit Menschen, sondern auch mit der Stadt. Bei diesem Spaziergang lernen wir die wichtigsten Sehenswürdigkeiten von Hannovers Innenstadt kennen, erfahren, was der Bauch der Stadt Hannover ist und woher sie ihren Namen hat. Und wer weiß, vielleicht wird es ja Liebe auf den ersten Blick …

Ein roter Faden steht sprichwörtlich für ein Leitmotiv, das sich durchzieht – zum Beispiel durch eine Geschichte oder das Leben. In Hannover hat der Begriff allerdings noch eine andere Bedeutung, denn er steht für eine knapp 4 Kilometer lange rote Linie auf dem Boden der Stadt, entlang der man Hannovers Innenstadt und ihre Sehenswürdigkeiten entdecken kann. Natürlich darf also der rote Faden auch bei den Stadtspaziergängen nicht fehlen. Wir starten an der **U-Bahn Haltestelle Hauptbahnhof** und laufen einmal durch den Bahnhof hindurch bis zum **Ernst-August Platz.** Vom Platz aus linker Hand biegen wir rechts in die **Luisenstraße** ein, um zur **Galerie Luise** **1** zu kommen. Die prunkvolle Halle entführt uns in eine andere Welt: Hier reiht sich eine schicke Boutique an die andere, es gibt Designermöbel, viel Kunst und internationale Mode zu kaufen. Ein Hauch von Exklusivität liegt in der Luft – nicht zuletzt wegen des Glasdaches, das die Galerie mit Licht durchflutet. Im Jahr 1987 wurde die Galerie Luise eröffnet, auf einer Länge von 155 Metern kann man hier in 40 exklusiven Geschäften stöbern, während sich in der Parallelstraße, der Bahnhofstraße, eine große Verkaufskette an die nächste reiht. Einmal durch die Galerie zu

Galerie Luise

laufen ist also ein Muss auf dieser Route. Wir verlassen die Galerie Luise wieder durch den Eingang **Luisenstraße.** Den roten Faden auf dem Boden schon entdeckt? Dann wissen wir, wo es als Nächstes hingeht: Wir folgen weiter der **Luisenstraße** und der **Ständehausstraße,** bis wir auf der rechten Seite den **Opernplatz** mit dem **Opernhaus** 2 sehen. Der beste Blick auf die prunkvolle Oper bietet sich, wenn man mit einigen Metern Abstand davorsteht. Im Opernhaus stehen regelmäßig beeindruckende Ballettaufführungen, Operninszenierungen und Konzerte des Niedersächsischen Staatsorchesters auf dem Spielplan. Platz gibt es für bis zu 1200 Besucher. Dass es die Oper gibt, ist vor allem einem Mann zu verdanken: Georg Ludwig Laves. Bis 1864 war er Hofbaumeister in Hannover, für den Bau einer Oper musste er beim König hart kämpfen. 1852 wurde das Theater eingeweiht, 1943 brannte es nach einem Bombenangriff aus, aber nur fünf Jahre später wurde es wieder eröffnet. 2020 wurde die hannoversche Oper vom Fachmagazin Oper! zum „Besten Opernhaus" gewählt. Vor dem **Opernhaus** verläuft die **Georgstraße,** die einmal quer durch Hannovers Innenstadt führt und das Steintor mit dem **Aegidientorplatz** verbindet. Bis zur **Rathenaustraße** ist sie eine Fußgängerzone und vor allem am Wochenende gut gefüllt. Ab dort verwandelt sie sich in eine Flaniermeile – mit dem **GOP-Varieté-Theater,** Restaurants und ausgefallenen Shops.

Opernhaus

Wir folgen ihr in Richtung **Aegidientorplatz,** biegen rechts in den **Georgswall** ab und wieder rechts in die **Breite**

Straße. An der Kreuzung zur **Osterstraße** stehen bleiben, denn von hier aus hat man die beste Sicht auf die **Aegidienkirche** **3** oder das, was von ihr erhalten geblieben ist: die Kirchenmauern und der Turm. Im Jahr 1347 wurde mit dem Bau der gotischen Hallenkirche begonnen, die später Startpunkt der Reformation in Hannover war. Im Zweiten Weltkrieg wurde sie allerdings bis auf ihre Außenmauern und Teile des Turms vollständig zerstört. Der Turm wurde restauriert, die Mauern blieben erhalten und grüne Kletterpflanzen entdeckten das Gemäuer für sich. Heute ist die Aegidienkirche

Aegidienkirche

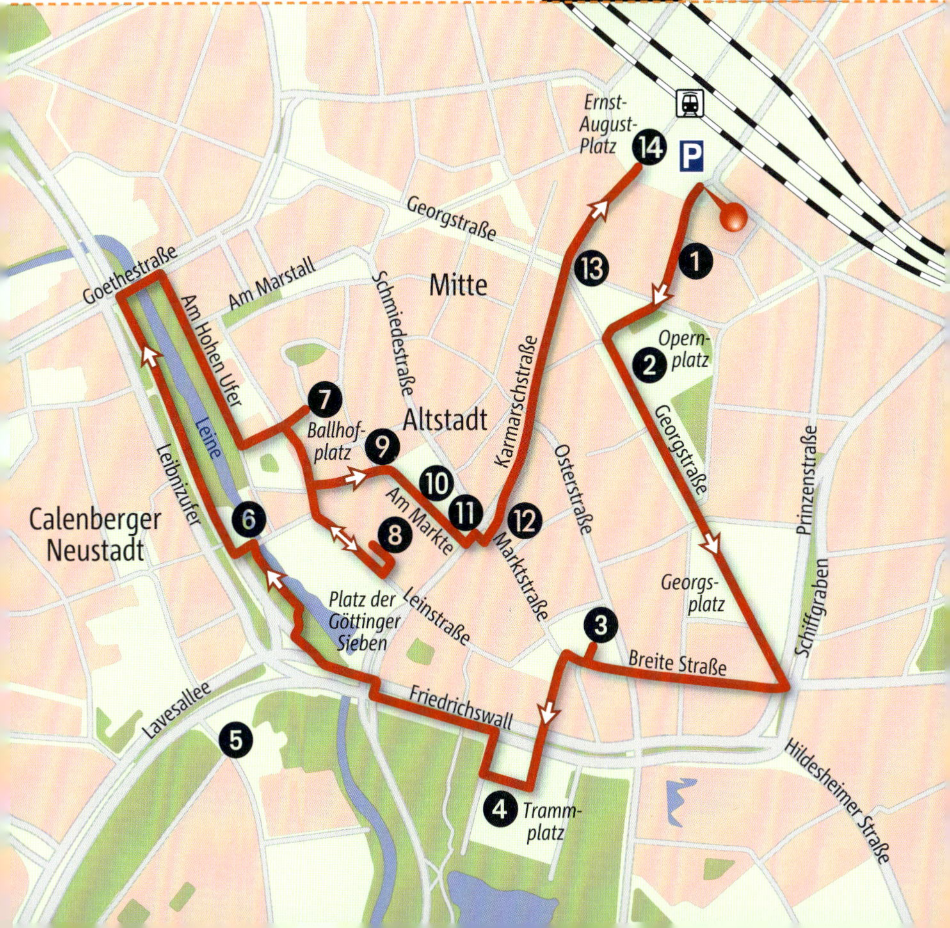

aufgrund ihrer Geschichte ein Mahnmal für die Opfer von Krieg und Gewalt. Vielleicht haben wir Glück und es ist gerade 9.05, 12.05, 15.05 oder 18.05 Uhr – denn genau zu diesen Zeiten lässt die Friedensglocke im Turm täglich ihr liebliches Glockenspiel erklingen. Die Glocken läuten übrigens 5 Minuten nach der vollen Stunde, um nicht von den Glocken der anderen Kirchen übertönt zu werden.

Das Neue Rathaus

Wir laufen die **Breite Straße** noch ein Stück weiter, biegen am **Theodor-Lessing-Platz** links ab – vorbei an der städtischen Galerie **KUBUS** – und sehen dann schon unser nächstes Ziel: das **Neue Rathaus** **4**. Wir überqueren den Friedrichswall und landen auf dem 7500 Quadratmeter großen **Trammplatz,** dem Vorplatz des Rathauses. Der Platz ist nach Heinrich Tramm benannt, der den Bau des Rathauses von 1901 bis 1913 als Bauherr betreute. Die Aussichtsplattform des Rathauses verlangt danach, den Stadtspaziergang hier von der Waagerechten in die Senkrechte zu verlegen: Mit dem einzigartigen Bogenaufzug geht es in die Höhe, oben wartet eine grandiose Aussicht über die Stadt und bei gutem Wetter sogar bis weit in die Region. Wer sich für die Entwicklung Hannovers interessiert, der wird in der 38 Meter hohen Rathaushalle fündig. Vier Modelle der Stadt aus den Jahren 1689, 1939, 1945 und von heute zeigen Hannover und seinen Entwicklungsstand zum jeweiligen Zeitpunkt – ein spannender Vergleich.

Aus dem **Rathaus** kommend laufen wir nach links, weiter über den **Trammplatz** und den **Friedrichswall.** Vorbei am

Museum August Kestner, einem Würfel mit 5000 Fenstern, in dessen Innern vielfältige Sammlungen zu einem Gang durch die Kulturgeschichte einladen. Auf der anderen Straßenseite sieht man nun das **Laveshaus,** das der ehemalige Hofbaumeister für sich und seine Familie baute, links daneben das **Wangenheimpalais** – ebenfalls aus der Hand von Laves, in dem heute das niedersächsische Ministerium für Wirtschaft, Arbeit und Verkehr sitzt. Wir folgen der Straße und werfen an der Kreuzung einen Blick nach links – auf die **Waterloosäule 5,** die an die berühmte Schlacht bei Waterloo am 18. Juni 1815 erinnert. Hier besiegten die Preußen, die Briten und die Hannoveraner gemeinsam Napoleon. Als Zeichen des Sieges steht auf der Spitze der Säule die Siegesgöttin Viktoria. Heute wird die große Grünfläche des **Waterlooplatzes** vor allem für Veranstaltungen genutzt – zum Beispiel für Public Viewing bei Fußball-Weltmeisterschaften.

Waterloosäule

Wir überqueren die Straße und dann sogleich die **Leine 6,** um weiter am **Leibnizufer** entlangzuschlendern. Von der **Leineschlossbrücke** hat man einen besonders schönen Blick auf das Neue Rathaus, aber auch in die andere Richtung – wohin wir uns nun bewegen wollen. Am Samstag herrscht auf dieser Seite der Leine viel Trubel, wenn der Altstadt-Flohmarkt die Hannoveraner zum großen Stöbern einlädt. Ansonsten bietet das Ufer ebenso wie das Hohe Ufer auf der gegenüberliegenden Seite genug Raum zum Verweilen und Genießen. Eine kleine Anekdote, wenn der Smalltalk sich

Leineschloss

mal nicht ums Wetter drehen soll: Dem „hon overe", was für das hohe Ostufer der Leine steht, verdankt die Stadt übrigens ihren Namen.

Wir laufen weiter am **Leibnizufer,** vorbei an den drei aufsehenerregenden Skulpturen der Künstlerin Niki de Saint Phalle. Die bunten Nanas stehen bereits seit 1974 hier, damals sorgten sie für Proteste, doch heute gehören sie zu den beliebtesten Bildmotiven Hannovers. Schon ein Foto geknipst? Dann machen wir uns von hier aus auf in Richtung Altstadt: erst über die **Goethebrücke,** dann biegen wir rechts ab und anschließend nach links in die **Marstallstraße.** Weiter geht es durch das **Marstalltor** hindurch – das das Staatswappen von König Georg I. von Großbritannien und Hannover trägt. Um einen Eindruck von der attraktiven Altstadt und ihren Fachwerkhäusern aus dem 15. und 16. Jahrhundert zu bekommen, biegen wir links in die **Burgstraße** ab. Die vielen Häuser mit den schönen Fassaden standen hier so nicht immer beisammen: Nach dem Krieg wurden sie aus unterschiedlichen Teilen der Stadt hierher verlegt und bilden nun ein stimmiges Gesamtbild. Und da wir gerade bei alten Häusern sind: Das Haus mit der Nummer 15 ist das älteste Fachwerkhaus der Stadt. Eine Info-Tafel verrät, dass das reich verzierte Haus dort seit 1566 steht. Auch heute wird es noch als Wohnhaus genutzt. Das Hinterhaus ist sogar noch zwei Jahre älter.

Ballhof

Dem „hon overe" verdankt die Stadt ihren Namen.

Durch den **Johann-Trollmann-Weg** kommen wir auf den Kreuzkirchhof. Wir stehen nun am Eingang zum idyllischen Wohnviertel **Goldener Winkel,** in dessen Mitte sich die **Kreuzkirche** befindet. Wir biegen rechts in die **Kreuzstraße** und folgen ihr bis zum Ende. Angekommen am **Ballhofplatz 7,** dem beschaulichen Platz in der Altstadt. Hier sorgen

Cafés und Restaurants für das leibliche Wohl, während die Spielstätten Ballhof Eins und Zwei, in denen das Junge Schauspiel Hannover und die Staatsoper regelmäßig auftreten, eine gehörige Portion Kultur bieten. Ursprünglich wurde der Platz aber aus sportlichen Gründen angelegt: nämlich zum Federballspielen. Herzog Georg Wilhelm spielte gerne Federball und brauchte dafür Platz. Praktisch, dass er diesen Platz gleichzeitig auch für diverse Veranstaltungen nutzen konnte. Im Jahre 1649 begann der Bau, es dauerte 15 Jahre, bis der Platz fertig war. Heute ist er bei den Hannoveranern überaus beliebt – in der Mittagssonne genießen sie ihren Tee oder Kaffee nicht nur in den grünen Liegestühlen des Teestübchens.

Wir laufen von hier aus wieder in Richtung Leine und biegen links auf die **Burgstraße.** Auf der linken Seite steht das **Historische Museum Hannover,** wo man viel Interessantes über das Leben in Hannover in den vergangenen vier Jahrhunderten erfahren kann. Freitags ist der Eintritt frei. Wir haben aber ein anderes Ziel auf dem Plan und folgen daher dem Straßenverlauf bis zum **Leineschloss 8.** Von der anderen Seite konnten wir bereits einen Blick auf das Gebäude erhaschen, in dem heute der **Niedersächsische Landtag** sitzt. Errichtet wurde das Schloss im Jahre 1640 von Herzog Georg von Calenberg, der seine Residenz nach Hannover verlegte. Der sogenannte Portikus, die Säulenhalle als Vorbau zum Haupteingang des Gebäudes, wurde später von Georg Ludwig Laves hinzugefügt. Einzig dieser Teil und einige Mauern überstanden den Krieg, der Rest wurde zwischen 1956 und 1962 wieder aufgebaut und dabei sogar erweitert.

Der Ballhofplatz wurde eigentlich zum Federballspielen angelegt.

Wir laufen ein kleines Stück zurück bis zum **Historischen Museum,** um dort rechts in die Kramerstraße – die schönste Straße in der Altstadt – einzubiegen. In den bunten Fachwerkhäusern sind schnuckelige Läden, Restaurants und Cafés ansässig, hinter den Fassaden thront der Turm der Marktkirche. Am Ende der **Kramerstraße 9,** vor dem Haus mit der Nummer 25, ist ein Kreuz auf den Pflastersteinen zu sehen. Sich hier einmal draufstellen, denn von hier aus können wir

Kramerstraße

Blick auf Kirchen

Marktkirche

alle vier Türme der innerstädtischen Kirchen sehen: Im Norden die Kreuzkirche, im Westen die Neustädter Kirche, in Richtung Osten die Marktkirche – unser nächstes Ziel – und im Süden die Aegidienkirche, die wir auf diesem Spaziergang ja schon kennengelernt haben. Das Kreuz war eines der sieben Wahrzeichen Hannovers, das wandernde Handwerksburschen kennen mussten, um ihre Anwesenheit in Hannover beweisen zu können.

Die **Kramerstraße** mündet in den Platz **Am Markte,** in dessen Zentrum die 60 Meter lange und fast 1000 Meter hohe **Marktkirche** **10** steht. Früher wohnten hier Kaufleute und Handwerker, im 14. Jahrhundert wurde dann das Gotteshaus im Stil der norddeutschen Backsteingotik erbaut. Der Turm ist 98 Meter hoch und überragt damit alle anderen Gebäude in der Nähe. Ursprünglich sollte er doppelt so hoch werden. Doch weil noch während des Turmbaus das Geld ausging, wurde einfach eine verkürzte Turmspitze auf die Kirche gesetzt. Das Geläut der Marktkirche besteht aus elf Glocken und ist damit das größte in Niedersachsen. Im Innern der Marktkirche sieht man die acht mächtigen und runden Pfeiler aus Ziegelstein, die das Deckengewölbe tragen. Gleichzeitig gliedern sie die schlichte, aber hoch gebaute Kirche. Sie ist täglich für Besucher geöffnet, samstags gibt es Führungen. Außerdem finden hier regelmäßig Gottesdienste und Konzerte statt.

Wie die Marktkirche ist auch das **Alte Rathaus** **11** im Stil der norddeutschen Backsteingotik erbaut, das wir erreichen, wenn wir durch die **Köbelingerstraße** laufen. Wie der Name schon sagt, ist dies der Vorgänger des Neuen Rathauses am Trammplatz, es wurde 1401 erbaut. Der zweigeschossige Winkelbau entstand zuerst, 1844 wurden die angegliederten Flügel saniert. Von 1877 bis 1891 machte es sich der Architekt Conrad Wilhelm Hase zur Aufgabe, das Gebäude im reinen Baustil zu rekonstruieren. 1999 wurde es renoviert und hat seitdem einen gläsernen Innenhof, der für Gastronomie und Veranstaltungen genutzt wird. Ein bisschen Rathaus-Charme ist dem Alten Rathaus doch geblieben – denn hinter der historischen Fassade werden noch heute Paare getraut. Und was darf bei einer guten Hochzeit nicht fehlen? Richtig, gutes Essen. Unter diesem Zeichen steht auch unser nächstes Ziel, das dem Alten Rathaus gegenüberliegt. Also überqueren wir die **Karmarschstraße** und erreichen die **Markthalle** 12,

Markthalle

die den Spitznamen „Bauch von Hannover" trägt. In der 4000 Quadratmeter großen Halle erwartet uns eine kulinarische Reise der Extraklasse. 50 Händler aus dem In- und Ausland bieten hier ihre Delikatessen an – von Oliven über Käse bis hin zu Schinken, Wein und Brot. Warme Speisen und k alte Leckerbissen kann man direkt vor Ort verzehren oder auch mitnehmen, um mit dem Essen am heimischen Tisch jedem 4-Sterne-Restaurant Konkurrenz zu machen. Hier kann man sich aber nicht nur prima den Bauch vollschlagen, sondern ebenso bei einem Kaffee das muntere Treiben auf der Karmarschstraße beobachten – wohl deshalb ist die Markthalle bei den Bewohnern der Stadt ein besonders beliebter Treffpunkt. Übrigens: Die Freude der Hannoveraner an ihrer Markthalle sorgte dafür, dass es die Halle heute überhaupt noch gibt. Nachdem die ursprüngliche Markthalle im Krieg zerstört wurde, forderten 75.000 Hannoveraner mit einer Unterschriftenliste ihren Wiederaufbau. Und sie hatten Erfolg: Im Jahr 1955 wurde die Markthalle nach den Plänen des Architekten Erwin Töllner neu eröffnet.

Altes Rathaus

Wir verlassen den „Bauch von Hannover" und folgen der Karmarschstraße in den modernen Teil der Innenstadt. Tatsächlich gehört Hannovers Fußgängerzone zu den größten Deutschlands – dementsprechend vielfältig ist das Angebot. Wir stoppen am **Kröpcke 13**, dem Mittelpunkt der Stadt und dem Knotenpunkt der U-Bahn-Linien Hannovers. Innerhalb eines Radius von wenigen Hundert Metern kann man von hier aus nahezu alles finden – ob Eisdiele, Buchhandlung oder Modekette. Der Name Kröpcke ist auf Wilhelm Kröpcke zurück-

Ampel gegenüber der Markthalle

Ernst-August-Denkmal

zuführen, der im Jahr 1876 das Café Robby am heutigen Kröpcke pachtete. Als er 1919 starb, war sein Name längst Synonym für das Café wie auch für den Platz. Daraufhin bekam der Platz 1948 ganz offiziell seinen heutigen Namen. Auch heute gibt es am Kröpcke noch immer ein Café, das von den Hannoveranern nostalgisch „Café am Kröpcke" genannt wird: Der große Pavillon mit den kupfergedeckten Tonnendächern stammt aus dem Jahre 1976 und wird jetzt von der Gastronomiekette Mövenpick betrieben. Die Kröpcke-Uhr wurde 1977 aufgestellt – und dabei dem Original von 1885 nachempfunden. Sie ist einer der beliebtesten Treffpunkte in der Innenstadt.

Hier trifft man sich „unterm Schwanz".

Der zweite beliebte Treffpunkt in der Innenstadt ist das **Ernst-August-Denkmal** 14 auf dem Bahnhofsvorplatz. Um ihn zu erreichen, laufen wir die **Bahnhofsstraße** entlang. Seit 1861 posiert König Ernst August I., erster König von Hannover nach der Personalunion mit Großbritannien, auf seinem Pferd. Hier wird sich „unterm Schwanz" getroffen, was so viel heißt wie am Fuße des Denkmals, unter dem Schwanz des Pferdes. Durch die Bahnhofshalle geht es wieder zurück zur U-Bahn-Station – dafür haben auch die Hannoveraner kein anderes Wort erfunden.

Kröpcke-Uhr

Der Kröpcke,

DIE KRÖPCKE ODER DAS KRÖPCKE?

Heißt es eigentlich der Kröpcke, die Kröpcke oder das Kröpcke? Tatsächlich gibt es alle drei Formen: Der Kröpcke meint den Platz, das Kröpcke meint das Café und die Kröpcke meint die Uhr. Wer diesen Unterschied kennt, der ist in Hannover angekommen.

2 LINDEN

Start/Ziel: U-Bahn-Station Glocksee, 30169 Hannover (GPS 52.3737930, 9.7189720)
Länge: ca. 6 Kilometer
Dauer: ca. 2–2,5 Stunden
ÖPNV: Haltestelle Glocksee, U-Bahn-Linie U 10
Parken: In den umliegenden Straßen gibt es kostenpflichtige Parkplätze

Unterwegs entdeckt:

1 Café Glocksee
2 Ihme-Hall
3 Ihme-Zentrum
4 Am Küchengarten
5 Lindener Marktplatz
6 Nieschlagstraße
7 Pestalozzistraße
8 Kötnerholzweg
9 Limmerstraße
10 Struckmeyerstraße
11 Nedderfeldstraße
12 Kulturzentrum Faust
13 Albertstraße

Essen + Trinken:

So richtig gemütlich machen kann man es sich in den Vintage-Sesseln des **Cafés Centrum** und dabei Pfannkuchen, Burger mit Pommes oder auch vegane Speisen genießen. Ganz zur Vintage-Atmosphäre passt auch, dass das Café zu den traditionsreichsten am Lindener Marktplatz zählt (Lindener Marktplatz 3, 30449 Hannover, Tel. 05 11/37 38 04 45, https://centrum-restaurant.business.site).

Leckere Pizza aus dem Steinofen gibt es bei **Francesca & Fratelli.** Die hannoversche Pizzamanufaktur hat einen ihrer acht Standorte auf der Limmerstraße und lädt täglich ab 13 Uhr mit ihrer schicken Inneneinrichtung und den Sitzplätzen draußen zu einer leckeren Pause mit Pizza und Wein ein (Limmerstraße 47, 30451 Hannover, Tel. 05 11/48 97 31 71, https://www.francesca-fratelli.de/pizzamanufaktur-in-hannover).

Street-Art im Szeneviertel

Bunt, bunter, Graffiti: ein Stadtspaziergang durch Hannovers größte Freiluftgalerie in Linden-Nord. Was hat Hannah Arendt mit Graffiti zu tun und wo ist das Sprühen in Hannovers Straßen eigentlich legal? Wir entdecken auf diesem Stadtrundgang durch das Szeneviertel Hannovers die facettenreiche Welt der Street-Art.

Graffitis – Kunst oder Vandalismus? Die Malereien im öffentlichen Raum werden ganz unterschiedlich wahrgenommen und definiert. Der Street-Art- und Graffiti- Hotspot schlechthin ist sicherlich New York, wo diese Art der Kunst in den 1960er-Jahren ihren Anfang nahm. Seitdem gibt es in vielen Städten der Welt immer mehr bunt besprühte Wände – mal mit Genehmigung, mal ohne. Fest steht: Graffitis gehören heute zum Bild einer Großstadt dazu. So auch in Hannover, wo kaum eine Straße so bekannt für ihre Graffitis ist wie die **Glockseestraße.** Von der U-Bahn-Station **Glocksee** folgen wir der **Braunstraße** in Richtung **Goetheplatz,** dann biegen wir rechts in die **Glockseestraße** ab. Direkt am Anfang der **Glockseestraße** auf der rechten Seite befindet sich das von außen bunt besprühte **Café Glocksee** 1. Die Glocksee-Wand war die erste legale Fläche für Graffiti in Hannover. Tagsüber bieten die Gebäude Jugendlichen Raum, sich zu verwirklichen: Seit 1972 nutzt der Verein Unabhängiges Jugendzentrum das ehemalige Fuhramt. Nachts wird das Café Glocksee zu einem beliebten Ort für Live-Musik und -Kultur. Hier erlebt man DJ-Abende zwischen Elektro, Indie, Punk und Pop, die bis in die frühen Morgen-

Glocksee

Ihme-Hall

stunden dauern. Ebenso wie laute Konzerte im Café oder im Innenhof mit Bands der Genres Alternative Rock, Singer/Songwriter und Sub-Pop.

Wir biegen hinter dem **Café Glocksee** links ab, um die Brücke **Spinnereistraße** zu überqueren. Direkt auf der anderen Seite der Ihme nehmen wir die Treppe auf der rechten Seite, die hinunter an das **Ihmeufer** führt. Hier trifft eine große Grünfläche auf das vergilbte Grau der Stadt. Doch auch das Grau hat an vielen Ecken Farbe – in Form von Graffitis – abbekommen. Die sogenannte **Ihme-Hall** 2 an der Brücke Spinnereistraße ist die neue Hall of Fame in Hannover. Hier dürfen Graffiti-Sprayer ihre Werke ganz legal aufsprühen – und somit in der Freiluftgalerie hinter dem **Heizkraftwerk Linden** präsentieren. Aus dem Kraftwerk beliefert Enercity heute in Hannover und in der Region etwa eine halbe Million Menschen mit Strom, Erdgas, Fernwärme und Trinkwasser. Vielleicht hat man sogar Glück und kann hier gerade einen Künst-

Bunte Graffitis erwecken die Ihme-Hall zum Leben.

ler beim Sprayen beobachten und sehen, wie aus den ersten Formen und Farben ein Kunstwerk entsteht.

Wir laufen die Treppe wieder nach oben, um auf die andere Straßenseite zu gelangen. Dort steht das riesige **Ihme-Zentrum 3** mit einer Fläche von 285.000 Quadratmetern. Es wurde 1975 fertiggestellt. Das Gebäude steht auf einem 700 Meter langen und 200 Meter breiten Sockel, mit zwei Park-Geschossen in der Tiefe und drei Geschossen in der Höhe. Es braucht ein bisschen Vorstellungskraft, um sich auszumalen, dass das Ihme-Zentrum mal ein Einkaufsparadies war.

Ihme-Zentrum

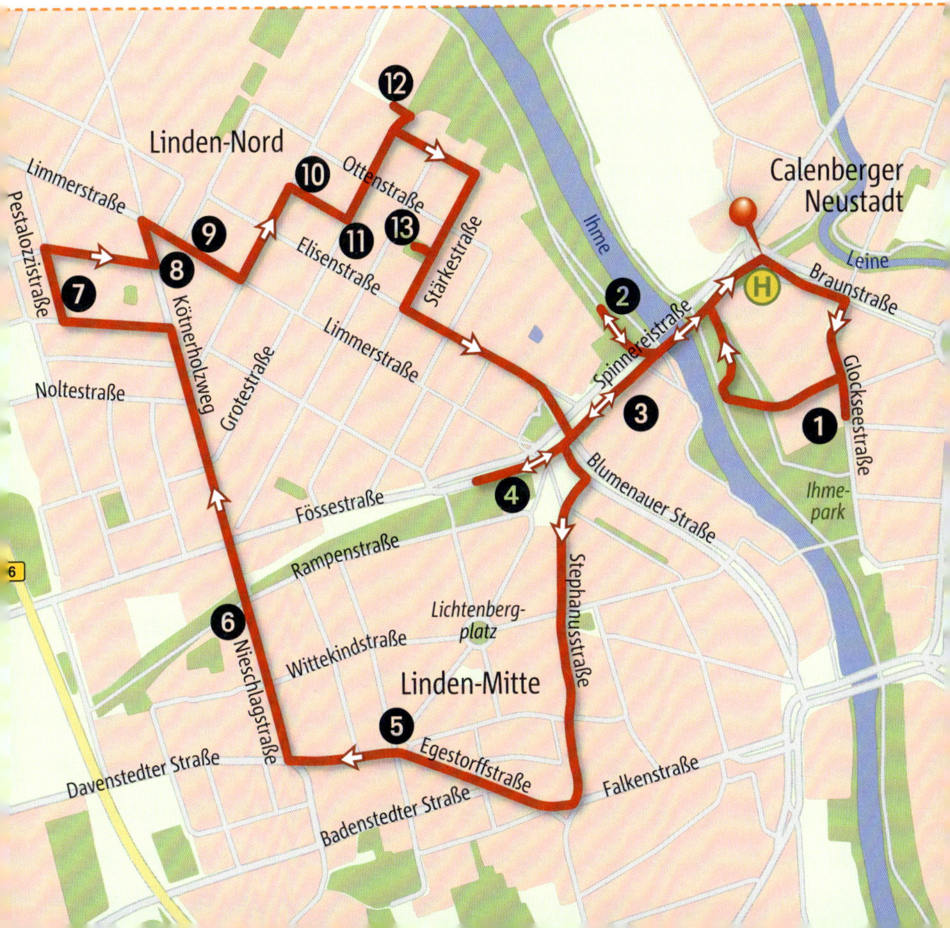

Küchengarten

Damals wurde in Hannover gerade die U-Bahn gebaut. Viele Geschäftsleute sahen in dem neu entstehenden Einkaufszentrum im Stadtteil Linden eine gute Alternative zu dem von Baulärm belasteten Standort in der City. Aber sobald die Baustellen in der City abgeschlossen waren und die Mietverträge im Ihme-Zentrum ausliefen, kehrten die Gewerbetreibenden in die Innenstadt zurück. Mitte der 90er-Jahre war das Einkaufszentrum vollständig leer. Jetzt sind die fünf Sockelgeschosse verlassen und baufällig. Genutzt werden sie nur noch von Sprayern. Über dem heruntergekommenen Sockel aber erheben sich Wohn- und Bürohochhäuser – bis zu 23 Geschosse hoch.

Das **Ihme-Zentrum** wird im Norden durch den Platz **Am Küchengarten** **4** begrenzt. Wir folgen der **Spinnerei-/Fössestraße** bis dahin. Das Gelände des Platzes war früher ein Küchengarten, der in der Mitte des 17. Jahrhunderts vom Adelsgeschlecht der Welfen im Dorf Linden angelegt wurde. Zu dieser Zeit wurden hier Obst und Gemüse angebaut. Ab 1814 wurde der Garten von den hannoverschen Königen genutzt. Die Gartenanlage war etwa 8 Hektar groß und ist seit ihrer Auflösung ab 1866 überbaut worden. Im nördlichen Bereich des früheren Küchengartens erinnert heute der Platz mit bunt besprühten Gebäuden an die einstige Gartenanlage.

Von hier aus biegen wir rechts in die **Stephanusstraße** ab und folgen ihr bis zum **Lindener Marktplatz 5.** Der Platz wurde 1894 als neues Stadtzentrum mit Rathaus für die Stadt Linden angelegt. Heute findet hier zweimal in der Woche – dienstags und samstags – der beliebte Wochenmarkt statt. Die Gaststätte Zum Holländer am Lindener Marktplatz 3 ist, obwohl sie heute den neuen Namen Centrum trägt, eine der traditionsreichsten in Linden. Schon auf den Bildern von der Einweihung des heute denkmalgeschützten **Nachtwächterbrunnens** im Jahre 1896 ist der Schriftzug im Hintergrund zu erkennen. Der **Lindener Marktplatz** ist der schöne Mittelpunkt des Stadtteils. Dank seiner zahlreichen kleinen Läden, Cafés und Restaurants verbringen die Lindener hier gerne ihre Zeit – am liebsten natürlich in der Mittagssonne. Dem Lindener Marktplatz folgend beginnt linker Hand die **Falkenstraße.** Hier sollte man die Augen offen halten, denn unser Ziel ist ein kleiner Durchgang, der in den Innenhof des Hauses Lindener Marktplatz 2 führt – dem **Geburtshaus von Hannah Arendt.** Der Durchgang dahin ist mit regionalen Motiven aus Linden, unter anderem dem Nachtwächterbrunnen und dem Lichtenbergplatz, bemalt worden. Schon beim Durchlaufen fällt der Blick aber auf das gesprayte farbige Porträt von Hannah Arendt, das ihr Geburtshaus ziert. Das Graffiti hat eine Porträtfotografie als Vorlage, es zeigt die Philosophin mit der obligatorischen Zigarette und ihrem berühmten Spruch „Niemand hat das Recht zu gehorchen". Das Kunstwerk ist eine im August 2014 fertiggestellte Auftragsarbeit der hannoverschen Graffiti-Künstler Patrik Wolters alias BeneR1 in Teamarbeit mit Kevin Lasner alias koarts.

Marktplatz

Graffiti von Hannah Arendt

Nieschlagstraße

Wir verlassen den Innenhof und biegen rechts auf die **Falkenstraße** ab, folgen der **Egestorffstraße,** um dann rechts in die **Nieschlagstraße** einzubiegen. Der Straße folgend laufen wir direkt auf unser nächstes Ziel zu, das Adleraugen schon aus der Ferne erkennen. Auf der linken Straßenseite kurz hinter der Brücke prangt ein riesiges Graffiti an einer Hauswand. Na, schon entdeckt? Im Rahmen des hannoverschen Hola Utopia! Streetart-Festivals 2020 malte der Berliner Künstler MOCX dieses riesige Wandbild an die Hausfassade der **Nieschlagstraße 6**. Das Hola Utopia! Festival ist ein soziokulturelles Beteiligungsprojekt. Die Ideen für die Fassadengestaltungen kommen von den Bürgern Hannovers: Sie haben bei einem gemeinsamen Workshop die Chance, ihre Wünsche und Vorstellungen zu äußern. Die Umsetzung der Ideen auf den ausgewählten Fassaden übernehmen dann die Street-Art-Profis. Mit den Graffitis wollen die Veranstalter und Künstler Aufmerksamkeit erzeugen für Themen wie die Zukunft kommender Generationen in Zeiten des Klimawandels, stark wachsender Städte und die negativen Folgen für die Natur. So steht der Felsen in dem Mural von MOCX für die Stadt, die sich gegenüber der Natur zurückhält. Über ihr thront eine Blume mit einem sehr dicken Stiel, der schon eher an einen Baumstamm erinnert. Die Blume soll die Stärke der Natur symbolisieren.

Auch Hauseingänge sind in Linden Kunst.

Weiter geht es auf der **Nieschlagstraße,** die zum **Kötnerholzweg** wird. Wir folgen dem Weg bis zur **Weckenstra-**

ße, biegen links ab und dann direkt rechts in die **Pestalozzistraße 7.** Hier hat der Graffiti-Künstler Philipp von Zitzewitz alias Fassadenkunst einem Wohnhaus neues Leben eingehaucht. In feinster Detailarbeit hat er gemeinsam mit einem gelernten Maler aus einer langweiligen Hausfassade ein Kunstwerk gemacht – über das sich nicht nur die Bewohner des Hauses freuen, sondern ebenso Passanten, die gern von der Limmerstraße in die deutlich ruhigere **Pestalozzistraße** flüchten. Ist doch viel schöner anzusehen als eine stinknormale Hausfassade, oder? Und es gibt noch mehr solcher Graffitis zu entdecken, auch entlang des Weges. Wir laufen durch die **Fröbelstraße** und biegen rechts auf den **Kötnerholzweg 8** ab, wo ein Graffiti mit einem 3-D-Effekt den Eingang des Hauses mit der Nummer 15 schmückt. Das bunte Graffiti mit Papageien, einem Leoparden und einem großen Panda entführt seine Bewohner und Passanten in die Welt des Dschungels. Und das inmitten des Lindener Lebens – zwischen Kneipen, Cafés, Kiosken und Restaurants. Weiter geht es von hier aus zur belebten und beliebten **Limmerstraße 9** – die Shoppingmeile, die durch allerlei kleine Läden besticht, die man sonst kein zweites Mal findet. Wer auf der Suche nach einem besonderen Geschenk, coolen Looks oder

Kötnerholzweg

Limmerstraße

einer ungewöhnlichen Deko ist, der ist auf der Limmerstraße definitiv richtig. Übrigens ist die Limmerstraße so beliebt, dass sich daraus schon ein eigenes Wort gebildet hat: „limmern", was so viel heißt wie sich auf der Einkaufsstraße mit Freunden treffen, eine Kleinigkeit essen und gemeinsam durch die Läden schlendern. Eben genau das, was man auf der Limmerstraße gerne macht: das Leben genießen.

Wir biegen links ab in die **Leinaustraße** und dann direkt wieder rechts in die **Struckmeyerstraße 10.** Hier gilt: Die Straße mal langsam hoch und runter laufen und jedes einzelne Graffiti auf sich wirken lassen – zum Beispiel das kleine Mädchen, das Seifenblasen in die Luft pustet, oder den Mops, der ins Wasser hüpft. Die **Struckmeyerstraße** ist eine Street-Art-Galerie für sich. Doch die **Nedderfeldstraße 11** direkt am Ende der **Struckmeyerstraße** kann da absolut mithalten – auch hier zeigt sich, wie schön Graffitis sein können. Die aufwendig gestalteten Kunstwerke erwecken die Straße tatsächlich zum Leben. Eins davon hat das Künstlerduo Laura und Kai Gläser gestaltet: Auf einer Hauswand haben sie zahlreiche verschiedene Tiere auf abstrakte Weise bildnerisch miteinander verknotet. Auch dieses Graffiti ist im Rahmen des Hola Utopia! Festivals entstanden, die Hausfassade war zuvor einfach nur weiß. Kunstvoll sind auch die anderen Graffitis in der Straße, die farbige Hannover-Motive an die Fassaden der Häuser bringen – auf grauem Grundton finden sich Highlights wie die grünen Stadtbahnen oder die roten Schornsteine des Heizkraftwerks Linden, besser bekannt als die „Warmen Brüder".

Die Limmerstraße hat ein eigenes Verb: das „Limmern".

Wir drehen um und laufen in der entgegengesetzten Richtung auf der **Nedderfeldstraße** weiter bis zu ihrem Ende, biegen links in die **Wilhelm-Blume-Straße** ab und dann rechts in die **Leinaustraße.** Auf der rechten Seite, in der Straße **Zur**

Struckmeyerstraße

Nedderfeldstraße

Bettfedernfabrik, befindet sich die **Faust 12.** Der Name kommt vom Trägerverein des Zentrums FAUST e.V., was für FAbrikUmnutzung und STadtteilkultur steht. Das Zentrum entstand im Dezember 1991 aus einer Bürgerinitiative, um durch Neunutzung eines stillgelegten Fabrikgeländes die Stadtteilkultur, interkulturelle Kommunikation und das Stadtteilleben zu fördern. Gründungsziel des Vereins war, das Konzept eines soziokulturellen Stadtteilzentrums zu verwirklichen. Das hat funktioniert: Heute lädt das Kulturzentrum Faust auf dem ehemaligen Gelände der Bettfedernfabrik Werner & Ehlers regelmäßig zu allerlei Veranstaltungen ein. Das Gelände ist 6300 Quadratmeter groß und bietet damit genug Platz für abwechslungsreiche Kultur-Events von Musik über Theater und Literatur bis hin zu Kunstausstellungen, Flohmärkten, Partys und Disco-Reihen sowie eine engagierte, vielseitige Bildungs- und Vereinsarbeit. Und passend zu der Vielfalt des Angebots sind die Wände des Gebäudes über und über mit allerlei bunten Graffitis überzogen. Sie nehmen uns mit auf einen Ausflug ins Süßigkeitenland, auf ein Piratenschiff oder zu einer gemütlichen Lesestunde mit einem Bücherwurm. Bunt, detailreich, einzigartig.

Von hier aus geht es langsam wieder zurück, doch bevor wir wieder an der U-Bahn-Station ankommen, laufen wir noch ein Stück die **Walter-Ballhause-Straße** entlang und biegen dann rechts ab in die **Albertstraße 13.** Hier befindet sich im Schutz der Wohnhäuser etwas versteckt in ihrem Innenhof ein Spielplatz, der durch die Street-Art an den Wänden und auf den Sitzgelegenheiten in eine andere Welt entführt – und zwar in eine bunte Unterwasserwelt. An den Graffitis erfreuen sich Groß und Klein und der Spielplatz beweist einmal mehr, was Street-Art alles kann. Statt eines langweiligen, tristen Spielplatzes wurde hier mit Sprühdosen ein aufregender Ort für Kinder und Erwachsene geschaffen, an dem man sich gerne aufhält. Ein Platz, an dem Langeweile nicht vorhanden ist, denn selbst wenn man nur auf einer Bank sitzt, kann man sich in den Details der Graffitis wunderbar verlieren.

Verlieren wollen wir uns aber eigentlich nicht, sondern uns auf den Weg zurück zur U-Bahn-Station machen. Dafür links auf die **Albertstraße** abbiegen, an der nächsten Kreuzung links auf die **Elisenstraße** und dieser dann bis zur **Spinnereistraße** folgen. Jetzt müssen wir nur noch über die Brücke laufen und sind voll bepackt mit vielen bunten Eindrücken wieder am Ausgangspunkt unseres Spaziergangs angekommen – und genauso auch am offiziellen Startpunkt von Graffitis in Hannover.

Albertstraße

Hannah ARENDT

Hannah Arendt wurde am 14. Oktober 1906 in Hannover-Linden geboren. 1933 flüchtete die deutsch-jüdische Philosophin und Publizistin vor dem Nationalsozialismus aus Deutschland in die USA. Berühmt wurde sie durch ihre wissenschaftliche Arbeit zu den Ursprüngen von totaler Herrschaft und Antisemitismus.

3 ZOOVIERTEL

Start/Ziel: U-Bahn-Haltestelle Congress Centrum/U-Bahn-Haltestelle Zoo (GPS 52°22'37.6"N 9°46'07.6"E)
Länge: ca. 5 Kilometer
Dauer: ca. 2 Stunden
ÖPNV: Haltestelle Congress Centrum, U-Bahn-Linie U 10
Parken: In den umliegenden Straßen gibt es kostenpflichtige Parkplätze

Unterwegs entdeckt:
1 Congress Centrum
2 Stadtpark
3 Platz vor der Friedenskirche
4 Frischmarkt Kasper
5 Landesamt für Denkmalpflege
6 Gästehaus der Landesregierung
7 Hindenburg-Villa
8 Ebeling-Villa

Essen + Trinken:

Im **Zurück zum Glück** steht bewusstes Genießen ganz oben: Hier gibt es saisonale, regionale und biologische Speisen und Getränke – vom fair zertifizierten Wildkaffee über den hausgemachten Kuchen bis zum frischen Schnitzel vom Landschwein in Bioqualität (Hindenburgstraße 7, 30175 Hannover, Tel. 05 11/89 97 88 80, www.zurueckzumglueck.de).

Im **Bistro Stromboli** ist Italien-Flair angesagt: Mit Bruschetta, Pasta, Tiramisu und einem Glas italienischen Wein oder einer Tasse Espresso kann man sich hier direkt vom Zooviertel an die Adriaküste träumen (Gneisenaustraße 17, 30175 Hannover, Tel. 05 11/2 28 17 91, https://bistro-stromboli.de).

Hinter den Fassaden

Das Zooviertel besticht mit wunderschönen Altbauten und prunkvollen Gründerzeitvillen direkt an der Eilenriede. Nicht von ungefähr ist das Viertel ein teures Pflaster. Ein Blick hinter die Fassade vermittelt Einsichten in das exklusive Hannover.

Auf unserem Spaziergang durch das Zooviertel können wir abtauchen in die Welt der Reichen und Schönen, wie man so bildhaft sagt. Das Zooviertel ist in Hannover bekannt als das Viertel der Prominenten – schließlich waren hier schon hochkarätige Staatsgäste wie Barack Obama zu Gast. Von Maklern wird es auch gerne als das exklusivste Wohnviertel der Stadt gehandelt. Wir wollen bei unserem Spaziergang das Zooviertel besser kennenlernen, während wir durch die attraktiven Straßen schlendern und auch mal hinter die Fassade einzelner Häuser blicken – auf ihre Geschichte und was heute in ihren vier Wänden vor sich geht.

Der Kuppelsaal ist der größte klassische Konzertsaal Deutschlands.

Wir starten an **der U-Bahn-Haltestelle Congress Centrum** und haben damit zumindest namentlich auch schon unseren ersten Stopp erreicht. Wir laufen auf dem Theodor-Heuss-Platz direkt bis vor das **Congress Centrum** 1. Mit dem **Hannover Congress Centrum (HCC)** wurde die Stadt im Jahre 1914 um ein stattliches Veranstaltungszentrum erweitert. Seitdem finden in der Stadthalle regelmäßig Tagungen, Seminare, Events, Konzerte, Ausstellungen und Bankette statt – durchschnittlich 1200 im Jahr. Mit seinen vier Veranstaltungshallen und sieben Festsälen bietet sich das HCC für viele Events an. Im wohl bekanntesten Teil des HCC, dem Kuppelsaal, wird regelmäßig unter der charakteristischen Kuppel Konzerten gelauscht oder bei Bällen das Tanzbein geschwungen. Die Kuppel hat einen Durchmesser von 42,5 Metern. Der Kuppelsaal ist der größte klassische Konzertsaal Deutschlands. Mit seinen 3500 Plätzen ist er größer als der Große Saal der Hamburger Elbphilharmonie mit nur 2100 Plätzen.

HCC

Nach dem Ersten Weltkrieg, von 1918 bis 1933, erlebte das Veranstaltungszentrum seine erste große Blütezeit. Musikaufführungen, Sängerfeste sowie politische, kirchliche und sportliche Veranstaltungen luden in die Stadthalle ein. Nach starken Beschädigungen durch die Bombenangriffe auf Hannover zwischen 1943 und 1945 wurde das Kuppelsaal-Dach zunächst provisorisch repariert. Erst acht Jahre später folgte eine Innensanierung. Im Anschluss daran zog der Niedersächsische Landtag in den Kuppelsaal: Die Nutzung als Veranstaltungszentrum war damit Geschichte, zumindest bis in die frühen 1960er-Jahre. Denn dann begann man mit der Wiederinstandsetzung als Konzertsaal. Gleichzeitig sollten die von Anfang an bestehenden Akustikprobleme behoben werden. Dafür ließ der hannoversche Architekt Ernst Zinsser eine Decke mit Akustikelementen leicht schräg einhängen. Der ebenfalls eingebaute Schallreflektor hängt noch heute über dem Orchesterpodium des Saals. Die Säulen erhielten eine dicke Ummantelung. 2016 folgte die umfassende Sanierung, um die Akustik im Saal weiter zu verbessern. Seitdem wirken alle Oberflächen akustisch optimal und brechen die spezielle Akustik im Saal. Zehn Reflektoren oberhalb der Bühne können in Höhe und Neigung nach Vorgabe der Akustikspezialisten

Der Stadtpark ist ein bunter Mix aus verschiedenen Stilen des Gartenbaus.

verschiedenen Bedürfnissen entsprechend eingestellt werden.

Mit der historischen Stadthalle wurde 1914 auf rund 60.000 Quadratmetern Fläche auch der **Stadtpark 2** angelegt. Er wird ebenfalls als Veranstaltungsfläche des HCC genutzt, sodass hier regelmäßig große Empfänge und Außenveranstaltungen stattfinden. Um dorthin zu gelangen, laufen wir links an dem HCC vorbei und durch den Haupteingang in den Stadtpark. Seit seiner Entstehung im Jahr 1914 wurde der Stadtpark mehrmals verändert und erweitert. Dabei waren die Umgestaltungen immer typisch für die jeweilige Zeit; heute ist der Stadtpark ein bunter Mix aus verschiedenen Stilrichtungen des Gartenbaus im 20. Jahrhundert. Zum Ende des

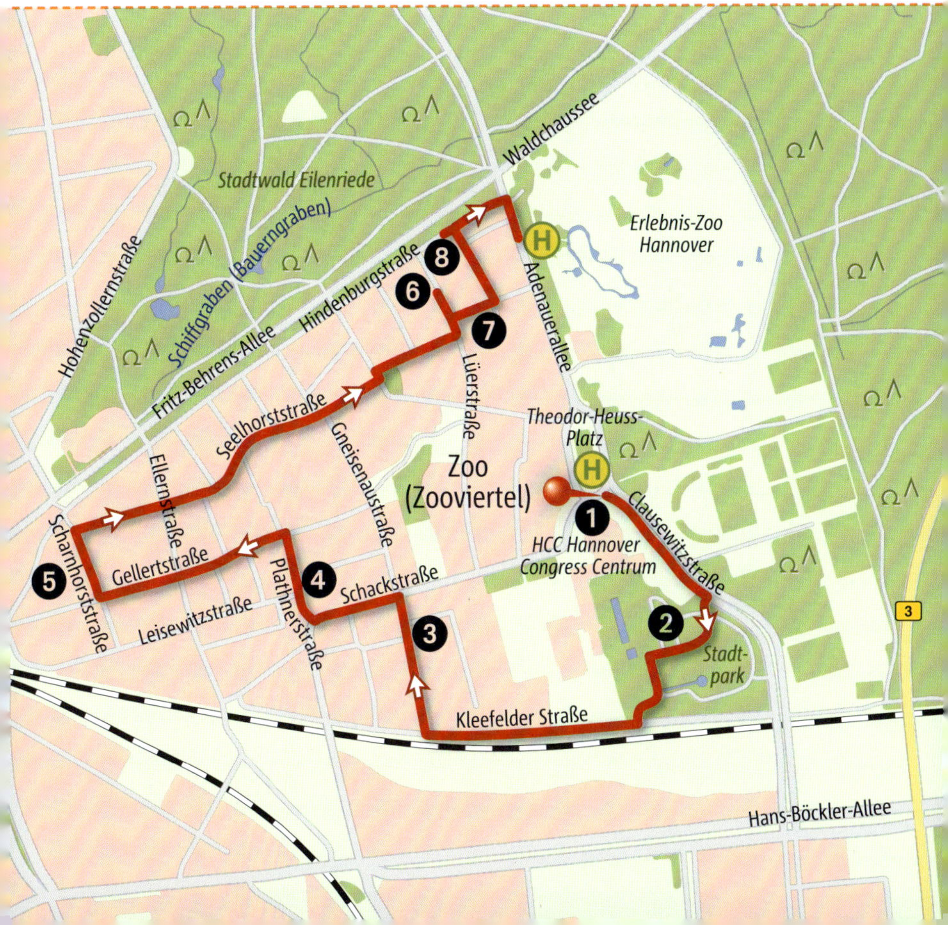

Stadtpark

Jahres 1950 begannen die Vorbereitungen für die Bundesgartenschau in Hannover: Noch im Winter wurden dafür 70 große Linden und Hunderte kleinerer Bäume und Sträucher gepflanzt. 1951 wurde im Stadtpark dann die erste Bundesgartenschau (BUGA) eröffnet, seitdem ist der Park in seiner Form weitestgehend erhalten geblieben. Die Sandsteinwege und -mauern und die Abfolge der Wasserbecken im Wassergarten sind bis heute fast unverändert. Auch der Rosengarten sowie das Rosen-Café existieren noch. Als einziges Gartendenkmal der Nachkriegszeit in Hannover steht der Stadtpark unter Denkmalschutz. Für Teeliebhaber und Meditationsfans hält der Stadtpark eine Überraschung bereit: den japanischen Teegarten mit Teehaus. Er befindet sich im hinteren Teil des Gartens. 1996 angelegt wird hier noch heute die traditionelle Kunst der Teezeremonie abgehalten. Die Zeremonie geht auf den Mönch Sen no Rikyu (gestorben 1601) zurück, sie ist eine Form der Meditation, die die innere und äußere Reinheit und die Erfahrung der Erleuchtung ermöglichen soll. Überall im Stadtpark verteilt stehen bewegliche Stühle – eine Idee aus den 1950er- und 1960er-Jahren mit dem Ziel, einen wohnlichen Garten zu schaffen. Rechts vom Teehaus, kurz vor dem Rosengarten, verlassen wir den Stadtpark wieder und biegen rechts in die Kleefelder Straße ein.

Teehaus

Wir folgen ihr, bis es rechts in die **Plathnerstraße** geht. Direkt hinter der Abzweigung zur **Kolbergstraße** liegt unser nächstes Ziel: der **Platz vor der Friedenskirche 3.** Hier findet seit 1956 der Markt statt – einer von insgesamt 25 Wochenmärkten im Stadtgebiet von Hannover. Am Dienstag von 8 bis 13 Uhr der Wochenmarkt, am Samstag zur gleichen Zeit der Bauernmarkt. Damit ist der Platz um die Friedenskirche

Platz vor der Friedenskirche

Anlaufstelle für die Bewohner des Zooviertels. Hier trifft man sich am Wochenende zu einem kleinen Plausch vor dem Gemüsestand oder bei den Blumen. Zu kaufen gibt es an den rund 25 Ständen Frisches und Hausgemachtes, größtenteils aus der Region – von Honig über Brot bis hin zu Fleisch- und Wurstwaren. Für alle anderen Lebensmittel ist der Edeka die Straße runter die richtige Anlaufstelle. Wenn es hier keinen Wochenmarkt gibt, kann man die Ruhe auf dem Platz genießen, sich aus dem Bücherschrank ein Buch nehmen und sich auf eine der Bänke setzen.

Um zu unserem nächsten Ziel zu gelangen, folgen wir der **Plathnerstraße** noch ein Stück weiter. Hinter der Abzweigung zur **Ludwig-Bruns-Straße** liegt der **Frischmarkt**

Kasper 4. Tatsächlich hat es der kleine, unscheinbare Supermarkt deutschlandweit in die Medien geschafft und damit nachdrücklich auf sich aufmerksam gemacht. Aber von vorne: Anke Kasper machte eine Lehre zur Einzelhandelskauffrau und arbeitete 13 Jahre lang im Frischmarkt Kasper ihres Vaters Alois. Im Jahr 2000 übernahm sie dann selbst den Laden. Dreht man sich einmal mit dem Rücken zum Laden und blickt ein Stück die Straße nach links auf das weiße Haus direkt an der Ecke, sieht man den Grund dafür. In diese Immobilie aus den 1930er-Jahren zog im Jahr 2002 der damalige Bundeskanzler Gerhard Schröder mit seiner Familie. 300 Quadratmeter Garten, zwei Arbeits- und Kinderzimmer, Gästezimmer, Wintergarten. Hier empfing der Kanzler in seiner Amtszeit zwischen 1998 und 2005 Gäste aus aller Welt, darunter Russlands Präsidenten Putin, den damaligen französischen Präsidenten Chirac und Englands früheren Premier Blair. Sicherheit stand dabei an oberster Stelle und so rüstete man am Haus eine Kameraüberwachung und Panzerglas-Fenster nach. Rund um das Haus wurde quasi eine Sicherheitszone eingerichtet: Hier stand rund um die Uhr die Polizei, das Fotografieren des Hauses war erst von der gegenüberliegenden Straßenseite, also von vor dem Frischmarkt Kasper, erlaubt. Doch das waren nicht die einzigen Sicherheitsregeln, die der Umzug des Kanzlers ins Zooviertel mit sich brachte. Denn auch die Parkplätze vor dem Supermarkt sollten aus Sicherheitsgründen gesperrt werden. Anke Kasper stellte sich quer, schaltete damals sogar einen Anwalt ein. Mit zumindest einem Teilerfolg: Statt der 22 Parkplätze mussten nur 17 gesperrt werden. Der Parkplatz-Streit mit dem Kanzler erweckte großes Medieninteresse – sogar Harald Schmidt rief damals

Ehemaliges Haus der Familie Schröder

Denkmalamt

persönlich bei Kasper an. Sie selbst wollte den Medienrummel eigentlich gar nicht haben, sondern nur ihre Parkplätze. 2009 verließen die Schröders ihr Haus in der Plathnerstraße. Seitdem ist hier wieder Ruhe eingekehrt.

Wir biegen nun an der nächsten Kreuzung links in die **Gellertstraße** ab. Während wir ihr eine Weile folgen, gibt es viele schöne und große Bauten zu entdecken, bevor wir uns nach rechts in die **Scharnhorststraße** begeben. Am Ende der Straße befindet sich die ehemalige Villa von Carl Rümpler, heutiger Sitz des **Niedersächsischen Landesamts für Denkmalpflege 5.** Carl Rümpler wurde 1820 in Hannover geboren und war als Buchhändler, Verleger und Redakteur tätig. Im Jahr 1865 ließ er sich von dem Architekten Ernst Bösser hier seine Villa errichten – und damit das erste Wohnhaus im heutigen Zooviertel. Nach ihrer Fertigstellung im Jahr 1867 wohnte Carl Rümpler rund 15 Jahre in dem gelben Klinkerbau, bevor er es im Jahr 1882 für rund 122.000 Mark an die Barmherzigen Schwestern vom heiligen Vinzenz von Paul in Hildesheim verkaufte. Diese wiederum funktionierten das Gebäude nach seinem Umbau und einer Erweiterung durch den Architekten Christoph Hehl in das Krankenhaus St. Vincenzstift um. 1972 gab das Vinzenzkrankenhaus seinen Sitz an der Scharnhorststraße auf. Sieben Jahre später kaufte das Land Niedersachsen den Gebäudekomplex des ehemaligen Krankenhauses. Der Umbau eigens für die neu geschaffene Denkmalbehörde war aufwendig: Es wurden Archive, Labore, Fundlagerräume und Sicherheitsbereiche eingerichtet. Das

Im Zooviertel sind regelmäßig hochkarätige Gäste zu Besuch.

Niedersächsische Landesamt für Denkmalpflege kümmert sich seitdem um den Schutz und Erhalt des baukulturellen Erbes im Bereich der Bau- und Bodendenkmalpflege. Dazu zählt neben Restaurierungen auch das Schaffen von wissenschaftlichen Grundlagen für die Denkmalpflege. Auf der Online-Plattform Denkmalatlas Niedersachsen stellt das Denkmalamt zahlreiche Informationen über die Kulturdenkmale des Landes zur Verfügung.

Gästehaus

Wir folgen nun der **Seelhorststraße** einmal auf die andere Seite des Zooviertels. Dann biegen wir links in die **Lüerstraße** ab. Das im Renaissancestil erbaute Haus mit der Nummer 5 ist das **Gästehaus der Niedersächsischen Landesregierung 6**, das unter anderem für Besuche hochrangiger Gäste aus dem Ausland, für Empfänge des Ministerpräsidenten und für Bürgerempfänge genutzt wird. Bei hochrangigen Besuchen aus dem Ausland kann schon mal das ganze Zooviertel zur Sicherheitszone erklärt werden, wie im April 2016, als der damalige US-Präsident Barack Obama im HCC die Hannover Messe eröffnete. Im Vorfeld seines Besuchs wurden rund 2000 Gullys versiegelt und die Anwohner mussten so manche Einschränkungen in Kauf nehmen, so mussten sie sich beispielsweise ausweisen und durften ihren Müll nicht vor die Tür stellen. Außerdem wurden alle Anwohner gebeten, nicht zu winken, wenn Barack Obama vorbeifährt. Das heutige Gästehaus der Niedersächsischen Landesregierung wurde im Jahr 1900 nach Plänen des hannoverschen Architekten Emil Lorenz für den Heizungsfabrikanten Fritz Kaeferle erbaut. Das Prunkhaus mit seiner von Säulen gerahmten Terrasse über dem von Gartendirektor

Hindenburg-Villa

Julius Trip angelegten Garten zählt zu den schönsten erhaltenen Bauwerken von Emil Lorenz. Nach seinem Tod verkaufte die Witwe das Gebäude an das Königreich Preußen, sodass dort ab 1912 die Regierungspräsidenten der preußischen Provinz Hannover residierten. Nach dem Krieg wurde die ehemalige Kaeferle-Villa von verschiedenen Ämtern genutzt, bis im April 1948 der damalige Ministerpräsident des Landes Niedersachsen, Hinrich Wilhelm Kopf, sein Büro im Obergeschoss bezog und von nun an auch Kabinettssitzungen hier stattfanden. Nach zahlreichen Renovierungen und

Modernisierungen erstrahlt das Haus heute wieder in seinem früheren Glanz – ausgestattet mit modernster Technik. Schon das blau-weiße Pferd entdeckt, das sich im Gebüsch versteckt? Das „Niedersachsenpferd 2006“ war ein Geschenk an den damaligen Ministerpräsidenten Christian Wulff.

Wir laufen nun ein kleines Stück die **Lüerstraße** zurück, um in die **Bristoler Straße** abzubiegen. Die Villa mit der Nummer 6 ist unser Ziel: die ehemalige **Hindenburg-Villa** **7**. Die Prominenz spielte schon immer eine wichtige Rolle im Zooviertel, nicht erst seitdem Altkanzler Schröder hier wohnte oder hochrangige Gäste aus dem Ausland kamen. Nein, wer etwas auf sich hielt und obendrein genug Geld hatte, der ließ sich hier eine Villa bauen. Oder gar schenken – wie der Generalfeldmarschall Paul von Hindenburg. Er lebte von 1919 bis 1925 in diesem Gebäude, das die Stadt Hannover ihm als Ehrenbürger höchstpersönlich geschenkt hatte. Hindenburg führte das Militär im Ersten Weltkrieg und wurde 1925 zum Reichspräsidenten der Weimarer Republik gewählt. Vor seiner Haustür jubelten ihm zu jener Zeit die Hannoveraner zu. Auf ihn ist es auch zurückzuführen, dass das Zooviertel lange Zeit als Hindenburg-Viertel bezeichnet wurde. Ursprünglich wurde die Villa aber nicht für Hindenburg gebaut, sondern für den Regierungsrat Hans Heydemann. 1918 erweiterte der Architekt Emil Lorenz dann den Bau aus dem Jahr 1909 für Generalfeldmarschall von Hindenburg. Heute steht die Hindenburg-Villa unter Denkmalschutz und ist Sitz der Fritz-Behrens-Stiftung, einer gemeinnützigen Stiftung zur Förderung von Kunst, Denkmalschutz, Wissenschaft und Wohltätigkeit.

Wer etwas auf sich hielt, ließ sich hier eine Villa bauen.

Wir biegen links in die **Ludwig-Barnay-Straße** ab und folgen ihr bis zum Ende. An der Ecke, wo die Straße auf die **Hindenburgstraße** trifft, steht die **Ebeling-Villa** **8**. Sie ist das ehemalige Domizil des Bergmanns Georg Ebeling. Gebaut 1903 an der Hindenburgstraße 42 galt das Haus damals als Prototyp einer Stadtvilla. Gemeinsam mit dem Architekten Ferdinand Eichwede erbaute Georg Ebeling im Jahr 1903 die Villa für sich und seine Familie. Die Baukosten beliefen sich

Ebeling-Villa

damals auf 1,5 Millionen Goldmark, was nach heutiger Währung ungefähr 7,7 Millionen Euro entspricht. Bis 1980 blieb die Villa im Besitz der Familie Ebeling, seitdem werden die 833 Quadratmeter von gewerblichen Mietern genutzt. An den einstigen Besitzer und Bauherrn erinnert aber noch das in den Giebel gemeißelte „E" mit Schlägel und Eisen – eine Anspielung auf den Nachnamen und Beruf von Georg Ebeling. Die Villa ist ein echter Hingucker: aufwendige Verzierungen an Decken, Wänden und Fassaden, der Empfang mit dem über 10 Meter hohen Deckengewölbe sowie die Kastenfenster, Balkone und Terrassen. Die ehemalige Familienresidenz ist ein Solitär unter den gewerblichen Immobilien und dürfte dementsprechend wertvoll sein.Überhaupt ist das Zooviertel als exklusives Wohnviertel Hannover nicht ganz günstig, wie man sich wahrscheinlich denken kann, nachdem wir nun schon einige Villen und Gebäude näher betrachtet haben. Die Kaufpreise von Immobilien im Zooviertel legten von 2007 bis 2017 um ganze 89 Prozent zu. Wo der Quadratmeterpreis damals bei durchschnittlich 1767 Euro lag, sind heute 3339 Euro üblich. Besonders attraktiv sind die prunkvollen Prestige-Gebäude für Anwaltskanzleien, Architekturbüros, Immobilienmakler und andere erfolgreiche Unternehmen – man findet hier mittlerweile einige von ihnen. Im Zooviertel kommen statistisch betrachtet 250 Wohnungssuchende auf ein inseriertes Objekt. Das treibt die Immobilienpreise in die Höhe.

Wir folgen nun der **Hindenburgstraße** bis zur **Adenauerallee.** Von hier aus lässt sich schon das große Gelände des Zoos Hannover erkennen – der heutige Namensgeber des gleichnamigen Viertels. Wenige Meter rechts von uns befindet sich die U-Bahn-Haltestelle. Vielleicht treffen wir ja hier noch den ein oder anderen Prominenten – falls die nicht lieber Auto fahren oder gefahren werden.

Entwurf UND BAU DES HCC

Die runde Form des Veranstaltungszentrums wurde nicht zufällig gewählt. Der Stuttgarter Architekt Paul Bonatz und sein Partner Friedrich Eugen Scholer nahmen sich bei ihrem neoklassizistischen Entwurf das römische Pantheon zum Vorbild. Mit ihrer Idee konnten sie 1910 den Architektenwettbewerb für den Bau der Stadthalle für sich entscheiden. Zwei Jahre danach begannen die Bauarbeiten, weitere zwei Jahre später stand das HCC.

4 DÖHREN

Start/Ziel: U-Bahn-Station Peiner Straße, 30169 Hannover (GPS 52.337714, 9.76938)
Länge: ca. 3 Kilometer
Dauer: ca. 1,5 Stunden
ÖPNV: Haltestelle Peiner Straße, U-Bahn-Linien U 1, U 2, U 8
Parken: In den umliegenden Straßen gibt es Parkplätze

Unterwegs entdeckt:

1 St. Petri Kirche
2 Einsiedler-Brücke
3 Leinewehr
4 Brückenhaus
5 Döhrener Wolle
6 Uhrturm
7 Döhrener Jammer
8 Khaki-Jacken-Viertel
9 Meisterwohnungen

Essen + Trinken:

Speisen im ehemaligen Pförtnerhäuschen der Wollwäscherei – das geht im **China-Restaurant Wang.** Das perfekt zum Motto dieses Spaziergangs passende Restaurant bietet ein Büfett mit chinesischen Spezialitäten an (Am Uhrturm 2, 30519 Hannover, Tel. 05 11/9 84 56 56, https://chinarestaurant-wang.de).

Den Blick auf die Leine kann man auf der großen Terrasse vom **Treffpunkt Bootshaus** genießen. Das Restaurant existiert schon seit mehr als 20 Jahren. Zu essen gibt es vor allem Speisen der gutbürgerlichen Küche liebevoll zubereitet, nicht zuletzt wegen des Ausblicks lohnt sich der Besuch (Schützenallee 30, 30159 Hannover, Tel. 05 11/84 23 12).

Wollindustrie im Spargeldorf

Noch bis vor rund 50 Jahren wurde in Döhren fleißig Wolle gewaschen – das hat den Stadtteil geprägt und im Laufe der Zeit verändert. Indem wir durch das Döhren von heute spazieren, tauchen wir ein in das Döhren von damals.

Der Stadtteil Döhren hat heute rund 14.000 Einwohner. Die Eingemeindung der Dörfer Döhren und Wülfel in die Stadt Hannover erfolgte erst im Jahre 1907. Heute ist Döhren ein belebter und beliebter Stadtteil Hannovers. Vor allem am Fiedelerplatz herrscht Trubel: Erst in den vergangenen Jahren neu gestaltet, finden sich hier zahlreiche Wohngebäude aus der Gründerzeit umrahmt von vielfältigen Geschäften. Beliebt sind auch der Wochenmarkt sowie der Bauernmarkt auf dem Fiedelerplatz. Der Fiedelerplatz ist damit auch ein Mittelpunkt des Stadtteils ebenso wie der Bereich um die Kreuzung Hildesheimer Straße/Peiner Straße/Abelmannstraße, an der wir uns gerade befinden. Von der **Peiner Straße** aus biegen wir nun nach links in die **Abelmannstraße,** dann rechts in die **Brückstraße,** um anschließend nach links in die Straße **Am Lindenhofe** zur **St. Petri Kirche** 1 zu gelangen. Die Kirche stellt den markanten Mittelpunkt des alten Dorfes und jetzigen Stadtteils Döhren dar. Die Geschichte der St. Petri-Kirchengemeinde ist eng mit der Entwicklung des Stadtteils Döhren verbunden: Die unteren Geschosse des St. Petri-Turms stammen aus dem Mittelalter, die Glockenstube und die Spitze kamen erst nach der Eingemeindung hinzu. Im Zweiten Weltkrieg wurde die Kirche weitestgehend zerstört, einzig der 37 Meter hohe Turm blieb erhalten. Dass die Kirche heute hier so steht, ist der ge-

St. Petri Kirche

Einsiedler-Brücke

samten Gemeinde zu verdanken. Mit Hilfe von Spenden aus dem Ausland und einem Selbsthilfe-Baukastensystem aus Nagelholzbindern des Architekten Otto Bartning baute die Gemeinde die Kirche 1949 in ihrer heutigen Form auf. Das System war ausgeklügelt, günstig und einfach zu errichten. Die Binder – die Stützen für Wand und Dach – wurden aufgestellt, mit Brettern verkleidet, die Mauern aus alten und neuen Steinen wieder aufgebaut. Damit ist die St. Petri Kirche eine von deutschlandweit 43 sogenannten Notkirchen, die kurz nach dem Zweiten Weltkrieg wieder aufgebaut wurden. Innerhalb nur eines halben Jahres stand das Kirchenschiff wieder.

Wir laufen nun nach links wieder zurück auf die **Brückstraße,** um auf ihr die Leine zu überqueren. Dann nehmen wir den kleinen Weg auf der linken Seite, der uns über die **Bernwardswiese** führt. An der Kreuzung an der Brücke biegen wir links in den **Johann-Duve-Weg** ab und bleiben auf der Brücke über die Leine stehen – der **Einsiedler-Brücke** **2**. Der Ausblick über die Leine kann sich sehen lassen, ein wirklich idyllisches Plätzchen. Doch das war nicht immer so. Denn bis vor rund 50 Jahren ratterte die Werksbahn der Wollwäscherei und Kämmerei noch über diese Brücke. Die Werksbahn verband zu dieser Zeit die Fabrik- und Verwaltungsgebäude am heutigen Döhrener-Wolle-Platz mit dem Werksgelände auf der Leineinsel. Von da aus ging es weiter Richtung Osten bis zum Anschluss an die Eisenbahngleise der Nord-Süd-Hauptstrecke. Insgesamt 2 Kilometer legte die Werksbahn zurück. Die Wolle kam damals von weit her, aus entfernten Ländern wie Australien, Argentinien, Mexiko oder Südafrika. Das hinterließ deutliche Spuren in Hannover: Die Wolle enthielt oft Pflanzensamen, die in der Leine ausgewaschen wurden. Und so kam es, dass sogenannte Adventivpflanzen in Döhren wuchsen. Adventivpflanzen sind Pflanzen, die sich an einem nicht ihrem Ursprungsgebiet entsprechenden Ort durch menschlichen Einfluss etablieren können. Dazu zählen Pflanzen wie Erdbeerklee, Mimosen oder Stachelmohn. Heute sind diese Pflanzen hier allerdings nicht mehr zu finden, sie verschwanden mit der Schließung der Wollwäscherei. Und über die Brücke dampft heute keine Eisenbahn mehr – sie wird nur noch von Fußgängern und Radfahrern benutzt.

Vor rund 50 Jahren fuhr hier die Bahn der Wollwäscherei.

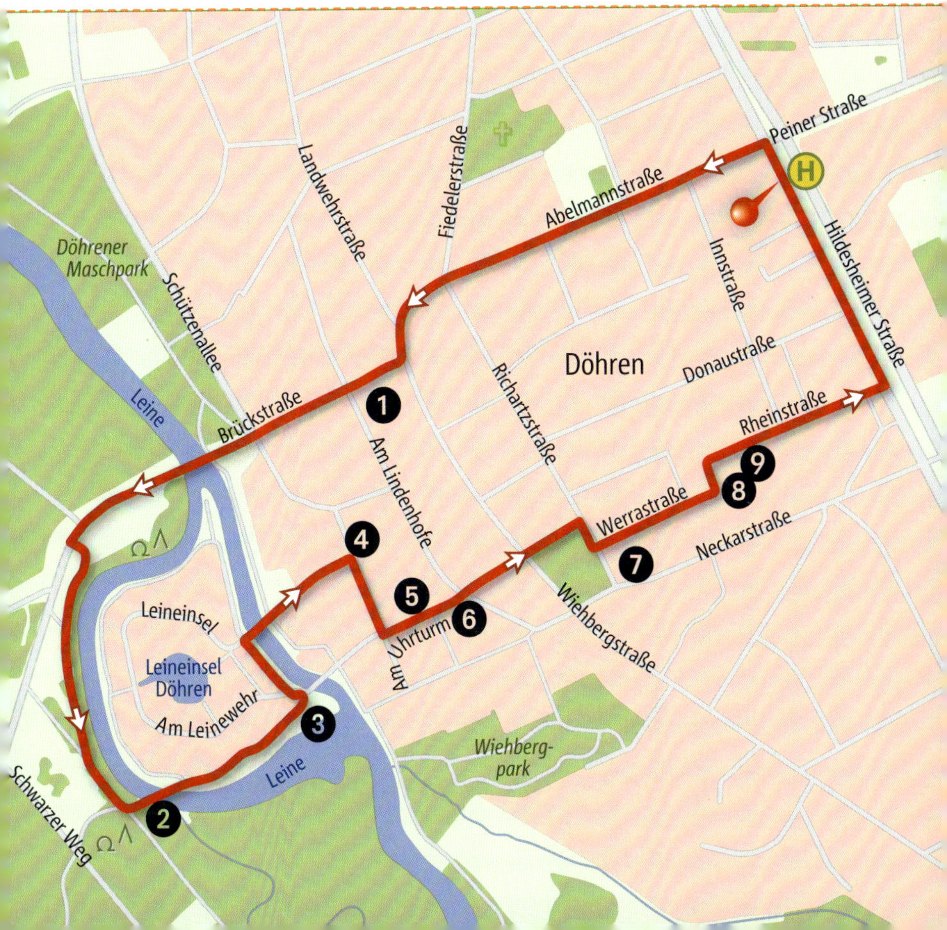

Leinewehr

Brückenhaus

Wir laufen weiter geradeaus und folgen dem Weg, der uns am Rande der **Leineinsel** zum brausenden Wasser führt. Vor dem Weg über die Leine gibt es auf der rechten Seite eine Aussichtsplattform, von der aus sich ein guter Blick auf das **Leinewehr 3** bietet. Das Leinewehr wurde bereits 1667 errichtet. Der Kaufmann und Bankier Johann Duve baute das Wehr zur Energiegewinnung, damals noch, um den Mühlenbetrieb auf der Leineinsel zu erhalten. Die Lage auf der Leineinsel sprach für die Wollwäscherei: Durch die Nähe zur Leine stand genügend Wasser zur Verfügung und das vorhandene Leinewehr ermöglichte die Stromerzeugung. 2004 wurde das denkmalgeschützte Wehr abgerissen – der Wasserstand konnte mit dem baufälligen Wehr zu diesem Zeitpunkt schon lange nicht mehr reguliert werden. Das Duve-Wehr wurde durch eine schlichte, betonierte Staustufe ersetzt. Schon seit 2007 unterstützt die Stadt das Vorhaben, im Döhrener Leinewehr ein Wasserkraftwerk zu bauen. Allerdings trifft sie damit auf den Widerstand von Anwohnern, Umweltverbänden und Interessengruppen. Die Zukunft des Leinewehrs ist demzufolge unklar.

Wir drehen uns um und laufen über die Straße auf das rote Backsteingebäude zu: das **Brückenhaus 4.** Das Haus auf der ehemaligen Turbinenanlage dient heute nur noch als Durchfahrt zu den Wohnungen. Als die Turbinenanlage zu Beginn des 20. Jahrhunderts gebaut wurde, versorgte sie die Wollwäscherei mit Wasserkraft. Nach dem Abriss der Fabrik auf der Leineinsel wurden die Turbinen entfernt und die Schächte zubetoniert. Einzig das Turbinenhaus selbst blieb

Straßennamen angelehnt an die Wollwäscherei

Uhrturm

erhalten, es wurde restauriert und dient heute als Brückenhaus. Wie auch am Leinewehr gab es im Lauf der Zeit einige erfolglose Versuche, hier eine erneute Wasserkraftnutzung zu etablieren.

Um mehr über die Döhrener Wollwäscherei und Kämmerei zu erfahren, laufen wir nun über die Brücke, folgen der **Leineinsel** und biegen dann rechts in die **Wollkämmerei** ab. An der nächsten Kreuzung wieder links folgen wir **Am Uhrturm,** bis wir links und rechts von der Straße das geöffnete Tor sehen: den ehemaligen Eingang zur **Döhrener Wolle 5.** Hier wurde im Jahr 1868 die Wollwäscherei und Kämmerei – Döhrener Wolle genannt – eingeweiht. Und damit wurde auch der Grundstein für die Industrialisierung in dem bisher für Spargelanbau bekannten Gebiet gelegt. So wurde aus einem ehemals auf Landwirtschaft ausgerichteten Dorf ein Industrievorort. Der Betrieb wuchs schnell: 1874 waren in der Wollproduktion noch 220 Arbeiter beschäftigt, 1910 waren es bereits zehnmal so viele. Der Frauenanteil war mit seinen 40 Prozent zur damaligen Zeit relativ hoch. Mit den steigenden Beschäftigtenzahlen wuchs auch das Firmenareal auf eine Fläche von 740.000 Quadratmetern an. In den 1920er-Jahren hatte die Produktion der Döhrener Wolle ihren Höhepunkt, mit einer Verarbeitung von täglich 50 Tonnen Rohwolle in der Wäscherei und 90 Tonnen in der Kämmerei. Neben gewaschener und gekämmter Wolle verkaufte der Betrieb auch aus dem Waschwasser hergestellte Nebenprodukte – darunter Wollfett und Wollwachs für die Pharma- und Kosmetikindustrie.

Die Wolle löste den Spargel ab.

Auf der linken Straßenseite steht noch das vorgesetzte Pförtnerhaus mit seinem glockenförmigen Dach. Wie die beiden unteren Stockwerke befindet es sich noch in seinem Originalzustand. Der Rest des Gebäudes wurde nach seiner Zerstörung im Zweiten Weltkrieg rekonstruiert. Auf der gegenüberliegenden Straßenseite steht der **Uhrturm 6.** Damit die Mitarbeiter immer pünktlich zur Arbeit in der Wollwäscherei erschienen, wurde 1909 der Uhrturm errichtet. Schließlich hatte man damals weder Smartphone noch eine Armbanduhr. Daher brauchte es eine Uhr in luftiger Höhe, die die Arbei-

Döhrener Jammer

ter von ihren Häusern aus sehen konnten. Der Turm erfüllte noch einen weiteren Zweck: Er diente der Werksfeuerwehr einst als Schlauchturm. Nach einem Einsatz hängten die Feuerwehrleute die Schläuche zum Trocknen hier auf. Der Turm steht heute unter Denkmalschutz und konnte so erhalten bleiben. An seiner Westseite befindet sich ein historisches Lagerhaus, das heute ein Wohngebäude ist. Denn seit 1973 wird hier nach mehr als 100 Jahren Betrieb keine Wolle mehr gewaschen oder gekämmt. Ein Jahr zuvor übernahm ein Investor das Gelände, ließ die 700 Beschäftigten noch ein Jahr lang weiterproduzieren, bevor der Betrieb stillgelegt wurde. Das gesamte Gelände wurde an ein Wohnungsunternehmen verkauft, in der Folge wurden fast alle Betriebsgebäude abgerissen und an ihrer Stelle etwa 1000 Wohnungen gebaut.

Wir biegen nun rechts hinter dem Uhrturm in die Straße **Am Lindenhofe** ab und folgen ihr, bis es nach links in die **Richartzstraße** abzweigt. Bei der nächsten Gelegenheit biegen wir nach rechts in die **Werrastraße** ab. Nun stehen wir mitten im **Döhrener Jammer 7**, der ehemaligen Arbeitersiedlung der Döhrener Wolle. Auch sie sollte ursprünglich abgerissen und neu bebaut werden. Bürgerproteste konnten das aber verhindern. Die Häuser wurden 1872 an der heutigen **Werrastraße** errichtet. Der Name **Döhrener Jammer** kommt übrigens nicht von ungefähr: Das Viertel wurde wegen des Elends der dort untergebrachten Textilarbeiterinnen so genannt. Bis zur Eröffnung der Wollwäscherei war Döhren bekannt für den Spargelanbau. Als die Fabrik eröffnete, wurden Textilwäscherinnen benötigt. Für die sogenannten Spargelmädchen, die bisher auf den Spargelfeldern arbeiteten, war das ein attraktives Angebot. Zwar wurden sie weiterhin schlecht bezahlt, verdienten aber mehr als bei der Spargelernte und konnten das ganze Jahr über arbeiten. Viele von ihnen kamen aus dem katholischen Eichsfeld sowie aus Westpreußen. Sie übernachteten zunächst bei Bauern, bis die Inhaber der Wolle zwischen 1869 und 1925 die Siedlung mit etwa 250 Wohnungen errichten ließen – zunächst nur für Arbeiter. In den elf Häusern des ersten Bauabschnitts Döhre-

100 Jahre lang wurde in Döhren Wolle gewaschen.

Khaki-Jacken-Viertel

ner Jammer wohnte im unteren Geschoss eine Familie mit etwa fünf Personen, die zwei Dachkammern teilten sich bis zu acht Arbeiterinnen. Toiletten gab es nicht, die Notdurft musste in eine kleine Rinne verrichtet werden. In den folgenden Jahren wurden vier weitere Häuser mit Plumpsklos im Garten gebaut.

Wir laufen nun ein Stück die **Werrastraße** hinunter und lassen die Häuser auf uns wirken. Der hintere Teil der **Werrastraße,** die hier eine Biegung nach links macht, zählt zum **Khaki-Jacken-Viertel 8.** Die hier zwischen 1890 und 1901 gebauten Häuser waren deutlich größer und heller als die bisherigen und hatten innenliegende Toiletten. In diese Häuser zogen die Werksbeamten mit ihren Familien. Die Werksbeamtenhäuser bildeten das sogenannte Khaki-Jacken-Viertel – benannt nach der Berufsbekleidung der Fabrikbeamten.

Einen deutlichen Gegensatz zu den übrigen Häusern in der Werkssiedlung bilden die Häuser in der **Rheinstraße** – die sogenannten **Meisterwohnungen 9.** Dafür folgen wir der Werrastraße bis dorthin, wo sie in die Rheinstraße mündet. Hier wurden ab 1903 die opulenten Meisterhäuser in der Verlängerung der Werrastraße gebaut. Sie bilden zwar gemeinsam mit den Häusern in der Werrastraße eine Werkssiedlung, doch allein ihre äußere Gestaltung lässt die sozialen Unterschiede noch heute deutlich erkennen. Die Häuser in der Rheinstraße kamen mit einem deutlich höheren Standard daher: Drei- bis Vierzimmerwohnungen mit zwei Stockwerken und Zierfachwerk am Dachgeschoss – sogar mit Wintergarten oder Loggia. Weil dort die Meister der Fabrik wohnten, nennt man diese Wohnungen bis heute „Meisterwohnungen". Heute ist das gesamte Viertel ein attraktives, idyllisches Wohnquartier.

Die **Rheinstraße** führt uns direkt zurück auf die **Hildesheimer Straße.** Wir biegen links ab und steuern unseren Start- und Zielpunkt, die **Haltestelle Peiner Straße,** an, wo nicht etwa die Werksbahn der Wollwäscherei auf uns wartet, sondern die U-Bahn der Üstra – die uns aus der Vergangenheit zurück in die Realität befördert.

Meisterwohnungen

5 LIST

Start: U-Bahn-Station Pelikanstraße, 30177 Hannover
(GPS 52.3981293, 9.7728248)
Ziel: U-Bahn-Station Steintor, 30159 Hannover
(GPS 52.3756453, 9.7333266)
Länge: ca. 4 Kilometer
Dauer: ca. 2 Stunden
ÖPNV: Haltestelle Pelikanstraße, U-Bahn-Linien U 3, U 7, U 9
Parken: An der Podbielskistraße gibt es Parkplätze

Unterwegs entdeckt:

1 Grammophon Büropark
2 Pelikan-Werk
3 Leibniz-Keks
4 erster SB-Drogeriemarkt
5 Astor-Kino

Essen + Trinken:

Bei einem Besuch des **Panea Brot- & Kaffeegenuss** mitten auf der etwa 1600 Meter langen Einkaufsstraße Lister Meile kann man nicht nur das muntere Treiben beobachten, sondern sich auch mit verschiedenen Leckereien den Bauch vollschlagen. Ob ein liebevoll belegtes Brot, ein Stück Kuchen oder einfach nur ein leckerer Kaffee – im Panea gibt's in entspanntem Ambiente kleine Snacks und Getränke für zwischendurch (Lister Meile 56, 30161 Hannover, Tel. 05 11/38 88 60 60, www.panea.de).

Im Restaurant **Stadtmauer** sind hausgemachte Limos, verschiedene Bowls und Klassiker wie Schnitzel die Favoriten. Auf die Naschkatzen unter den Hannoveranern warten außerdem hausgemachte Waffeln. Sitzen kann man drinnen wie draußen, das Essen wird auch für das Auge ansprechend angerichtet. Das Restaurant ist eine von mehreren Filialen im Stadtgebiet (Lister Platz, Oskar-Winter-Straße 8, 30161 Hannover, Tel. 05 11/99 98 74 54, www.stadtmauer-hannover.de).

Made in Hannover

Von Hannover aus raus in die große Welt – so lautet das Motto dieses Spaziergangs. Denn wir wollen im Stadtteil List gemeinsam Orte entdecken, an denen Erfindungen in Hannover ihren Ursprung hatten.

Los geht es an der **U-Bahn-Haltestelle Pelikanstraße,** von ihr aus kann man am Straßenrand schon das große historische Backstein-Mauerwerk in Kombination mit Klinker-Neubauten und Glasfassade erkennen und damit das erste Ziel unseres Spaziergangs. Von der Haltestelle aus laufen wir noch ein paar Schritte die **Podbielskistraße** stadtauswärts entlang, bis wir auf der rechten Straßenseite den Eingang zum Büropark sehen. Über dem Eingang hängt ein Schild: **Grammophon Büropark 1.** Wir müssen einige Jahre zurückgehen, um herauszufinden, warum der Büropark diesen Namen trägt. Emil Berliner, am 20. Mai 1851 als Sohn einer jüdischen Kaufmannsfamilie in Hannover geboren, wanderte 1870 in die USA aus und war dort zunächst als Buchhalter tätig. In seiner Freizeit betätigte er sich als Erfinder. So entwickelte er zum Beispiel ein Mixgetränk aus Sirup, Kaffee und Schokolade, bevor er sich mit physikalischen Vorgängen beschäftigte – insbesondere mit der Telefontechnik. Er interessierte sich besonders für den Phonographen, den Thomas Alva Edison schon 1877 vorgestellt hatte. Doch Edisons Erfindung war ungeeignet für die Massenproduktion und so tüftelte Berliner herum und fand eine Verbesserungsmöglichkeit: Er änderte den Winkel zwischen der Nadel und der Trägerfolie um 90 Grad und ermöglichte damit das Abspielen eines flachen Tonträgers – eine Vorform der späteren Schallplatte. Berliners

Grammophon Büropark

Eingang ins Pelikan-Viertel

Traum war es, damit einen neuen Industriezweig aufzubauen, der das massenhafte Kopieren des neuen Produkts ermöglichte. Am 8. November 1887 meldete er sein Patent „Verfahren und Apparat für das Registrieren und Wiederhervorbringen von Tönen“ beim Kaiserlichen Patentamt an, nachdem er seine Erfindung zuvor bereits in Washington hatte patentieren lassen. 1888 präsentierte Berliner seine Schallplatte und das Grammophon erstmals öffentlich. Er kehrte zurück nach Hannover und gründete gemeinsam mit seinem Bruder die Deutsche Grammophon Gesellschaft. Die Schallplatten mit dem international bekannten Markenzeichen eines vor einem Grammophon sitzenden Hundes namens „Nipper“ wurden zunächst in der Kniestraße in der Nordstadt gefertigt. Aufgrund der großen Nachfrage wechselte man 1904 in ein größeres Werk an der Podbielskistraße, vor dem wir nun gerade stehen. Hier wurden übrigens auch (ab 1965) die kompakten Musikkassetten hergestellt.

Die Musik noch in den Ohren überqueren wir die **Podbielskistraße** und folgen ihr wenige Meter stadteinwärts bis zum **Pelikanplatz.** Dort biegen wir rechts ins Pelikanviertel ein und bleiben vor dem Logo stehen. Dem aufmerksamen

Leser ist aufgefallen, dass sich der Name Pelikan an dieser Stelle häuft – nicht umsonst, denn wir befinden uns hier mitten im ehemaligen **Pelikan-Werk 2.** Im Jahr 1906 ist der Hersteller von Schreibtinte und Künstlerfarben in das damals noch eher ländliche Umfeld der Podbielskistraße gezogen, weil der alte Standort in Hainholz für ihn zu klein geworden und nicht erweiterbar war. 13.000 Quadratmeter Büro- und Produktionsfläche standen in dem Neubau aus rotem Backstein mit weißen Flächen von da an zur Verfügung.

Doch die Geschichte des Unternehmens reicht noch fast 70 Jahre weiter zurück: 1832 gründete der Chemiker Carl Hornemann eine Farben- und Tintenfabrik in Hannover. Am 28. April 1838 veröffentlichte er die erste Preisliste – dieses

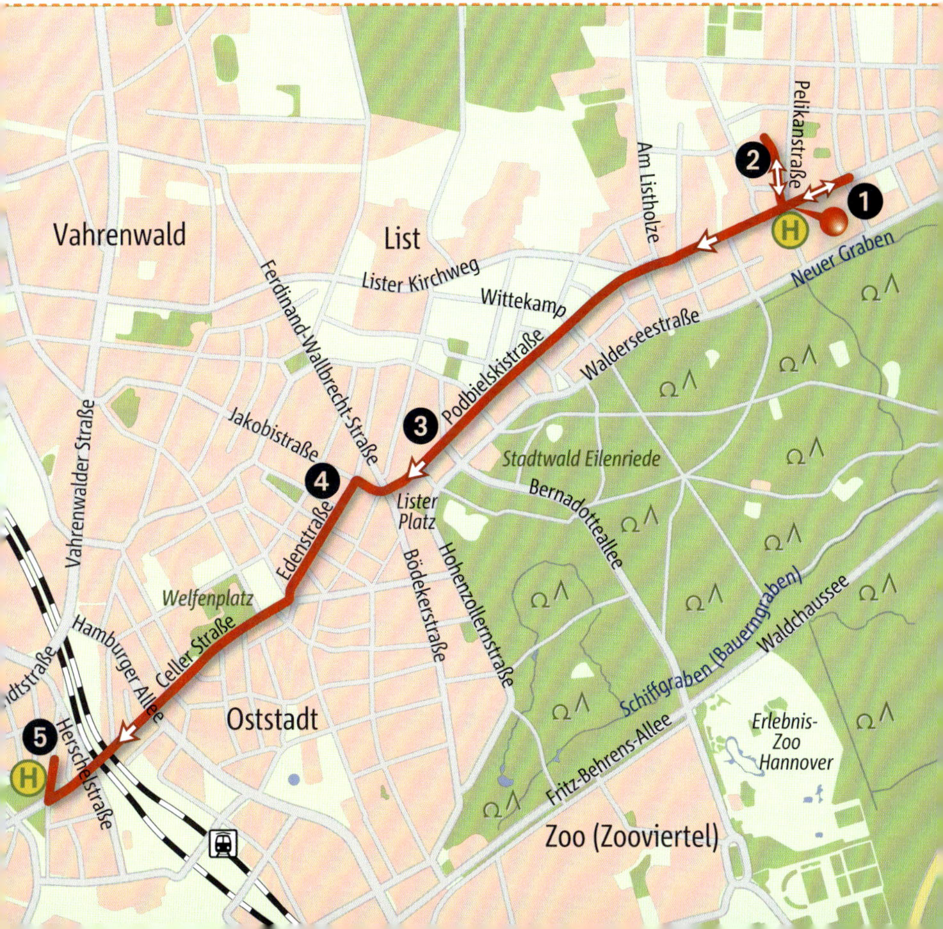

Pelikan

Datum gilt als das offizielle Gründungsdatum von Pelikan. 1871 übernimmt der bisherige Werksleiter, der Chemiker Günther Wagner, die Firma und meldet 1878 aus seinem Familienwappen den Pelikan als eines der ersten Warenzeichen in Deutschland an. Das Unternehmen wuchs und wuchs und brauchte schon bald mehr Platz für die Produktion von Tinte und Tusche, Klebstoff und Wasserfarben, es verließ schließlich 1989 seinen Produktionsstandort an der Podbielskistraße. Die Marke und das Unternehmen hingegen existieren nach wie vor – auch direkt um die Ecke: 2003 hat Pelikan ein neues Verwaltungsgebäude beim Yachthafen am Mittellandkanal bezogen. Die meisten Produkte aus den Bereichen Schreiben und Malen produziert Pelikan in Vöhrum bei Hannover. Das ehemalige Pelikan-Werk und damit der Ursprung von Farben, Füllern und anderen Klassikern ist heute als das Pelikanviertel eine Mischung aus Büros, Geschäften, Hotels, Bars, Restaurants und Appartements in denkmalgeschützten, aber auch neu errichteten Gebäuden. Neben den alten Gebäuden, dem Logo an der Podbielskistraße und vielen weiteren Details lädt das Museum im Tinten Turm im hinteren Teil des Geländes zu einem Gang durch die Geschichte des hannoverschen Unternehmens ein.

Wir verlassen den **Pelikanplatz,** um wieder zurück auf die **Podbielskistraße** zu gelangen, der wir weiter stadteinwärts folgen bis zum großen Gebäude mit der Hausnummer 11 – dem Hauptstandort von Bahlsen, dessen Fassade eine ganz besondere Verzierung schmückt: der berühmte **Leibniz-Keks 3.** Spätestens seit 2013 weiß vermutlich die ganze Welt, dass der Leibniz-Keks aus Hannover kommt. Denn im Januar 2013 war der 20 Kilogramm schwere Keks plötzlich verschwunden. 100 Jahre lang hing der Keks aus vergoldeter Bronze in 5 Metern Höhe an der Gebäudefassade in der Podbielskistraße. Wenige Tage später forderte ein bis heute unbekannter Erpresser, der sich als das Krümelmonster, bekannt aus der Sesamstraße, ausgab, in einem Schreiben für die Rückgabe Gratis-Kekse für ein Kinderkrankenhaus und eine Spende für ein Tierheim.

Leibniz-Keks

Etwa zwei Wochen nach seinem Verschwinden tauchte der Gold-Keks – mit einer roten Schleife geschmückt – am Denkmal vor der Leibniz Universität Hannover wieder auf. Im Juli des gleichen Jahres wurde er dann auf Hochglanz poliert und wieder an seinen Stammplatz gebracht – seitdem wird er von einer Videokamera überwacht. Nach Rückgabe des vergoldeten Wahrzeichens spendete Bahlsen Kekse an gemeinnützige Einrichtungen.

Von goldenen Keksen nun zurück zu den einzig wahren – denen, mit der braun gebackenen Farbe, die zwischen den Zähnen knuspern. Der Hannoveraner Hermann Bahlsen gründete 1889 seine Firma Cakesfabrik H. Bahlsen. Seine Inspiration kam von seiner Zeit als Zuckerhändler in London. Die Engländer aßen zum Tee gerne ein leicht süßliches Gebäck, das sie „cakes" nannten. Zwei Jahre nach Firmengründung brachte Bahlsen mit seinen damals zehn Mitarbeitern seine Leibniz Cakes auf den Markt – werbewirksam nach dem hannoverschen Philosophen Gottfried Wilhelm Leibniz benannt. Verkauft in kleinen Tüten wurden sie auf der Weltausstellung in Chicago 1893 mit der Goldmedaille ausgezeichnet. Weil die deutschen Kunden das Wort „cakes" aber nicht englisch aussprachen, deutschte Bahlsen es einfach ein und erfand so 1911 den Begriff Keks, der heute nicht mehr wegzudenken ist. 1915 steht dann das Wort „Keks" mit der Bedeutung „trockenes, haltbares Kleingebäck" zum ersten Mal im Rechtschreibwörterbuch der deutschen Sprache. Nicht nur der Leibniz-Keks mit seinen 52 Zacken, sondern sogar das Wort Keks stammen also aus Hannover. Heute, über 130 Jahre nach Firmengründung, ist das Familienunternehmen Bahlsen mit seinen Keksen, Waffeln, Riegeln und Kuchen international bekannt und produziert zum Beispiel über 2,3 Milliarden Butterkekse im Jahr.

Wir folgen von hier aus der **Podbielskistraße** stadteinwärts und laufen weiter auf der Einkaufsstraße und Fußgängerzone **Lister Meile.** Hier reihen sich Geschäft an Geschäft, Restaurant an Restaurant. Doch wir biegen gleich rechts ab in die Jakobistraße – bis wir vor dem Haus mit der Nummer 6 stehen. Längst ein neuer Laden eingezogen, erinnert heute fast nichts mehr an den ersten Selbstbedienungs-Drogeriediscounter in Deutschland. Einzig eine kleine Gedenktafel, auf der steht: In diesem Haus eröffnete der Unternehmer Dirk Roßmann am 17. März 1972 den **ersten SB-Drogeriemarkt in Deutschland 4.** Zu diesem Zeitpunkt war Roßmann gerade einmal 25 Jahre alt. Nach seinem Hauptschulabschluss hatte er zunächst eine Drogistenlehre absolviert und in der Dro-

Auch das Wort „Keks" stammt aus Hannover.

gerie seiner Eltern in der Podbielskistraße mitgeholfen. Er verkaufte Aftershave, Kernseife und Zahnpasta. Damals galt noch das Prinzip der Preisbindung – Hersteller konnten den Ladenpreis für ihre Drogerieprodukte also selbst bestimmen. Der Gewinn war dementsprechend gering, die Preise hoch. Auch das Selbstbedienungsprinzip war in der Branche noch nicht angekommen. Doch weil Roßmann sah, dass die Preisbindung bald fallen würde und im Lebensmittelbereich die ersten Selbstbedienungsläden öffneten, kam er auf die Idee, einen Drogeriemarkt mit Selbstbedienung zu gründen. Gesagt, getan. Der „Markt für Drogeriewaren" – fünfmal so groß wie das Geschäft seiner Eltern – öffnete seine Pforten. Das Sortiment war deutlich preiswerter als bei der Konkurrenz. Und es schien, als hätten die Hannoveraner genau darauf gewartet, denn bereits am ersten Tag war der Andrang groß. Statt seiner erhofften 2000 Mark nahm Roßmann fast das Zehnfache ein. Heute gehört der Drogeriemarkt Rossmann mit 4244 Filialen in Europa, davon 2233 in Deutschland, zu den größten Drogeriemarktketten europaweit – mit einem Umsatz von über 10 Milliarden Euro. Die Handelskette wuchs schnell und so konnte der erste Laden bald nicht mehr mit den heutigen Standards mithalten. Mit seinen 200 Quadratmetern platzte das Geschäft aus allen Nähten, zum Vergleich: Moderne Filialen haben heute mehr als das Doppelte

Der erste SB-Drogeriemarkt Deutschlands

an Fläche. Doch aus Nostalgie hielt das Unternehmen noch lange daran fest – bis zum Sommer 2010. Dann musste die erste SB-Drogeriemarktfiliale weichen. Mittlerweile ist das, was vor 50 Jahren in der Jakobistraße 6 unweit der Lister Meile begann, aus der Drogeriewelt nicht mehr wegzudenken.

Wir laufen zurück zur **Lister Meile,** flanieren ein Stück über die Einkaufsmeile und biegen dann nach rechts in die **Celler Straße** ab und folgen ihr, bis es kurz hinter der Unterführung unter den Bahngleisen nach rechts in die **Nikolaistraße** geht. Gleich an der Ecke befindet sich das **Astor-Kino 5,** ein Premium-Kino. Allerdings sind wir nicht wegen des Astors hier, sondern wegen des Kinos an sich: Denn genau in diesem Gebäude wurde das erste Multiplexkino in Deutschland eröffnet, im Jahr 1991, eine echte Neuerung, denn bisher gab es nur einfache, viel kleinere Kinos. Multiplexkinos sind Großkinos mit mehreren Sälen, in denen parallel unterschiedliche Filmprogramme gezeigt werden können, das unterscheidet sie von den meist kleineren Programmkinos. Das erste CinemaxX, das damals hier eröffnet wurde, läutete eine neue Ära des Kinos ein: Moderne Bild- und Tontechnik sollten den Kinogenuss zu einem unvergesslichen Erlebnis machen. Dazu die Gestaltung in amerikanischem Stil: Popcorn, zehn große Säle, Wasserfall und Hollywoodstars zu Gast bei Filmpremieren. Der Mensch hinter den Kinos ist Hans-Joachim Flebbe. Während seines Studiums in den 1970er-Jahren jobbte er als Programmgestalter im Apollo-Filmtheater auf der Limmerstraße in Linden, 1977 eröffnete er sein erstes eigenes Kino in Hannover, das „Kino am Raschplatz". Das Kino ist – im Gegensatz zum CinemaxX an diesem Standort – bis heute erhalten geblieben und erfreut sich nach wie vor großer Beliebtheit bei hannoverschen Cineasten. Doch mit dem ersten eigenen Kino waren Flebbes Kino-Aktivitäten noch lange nicht am Ende angekommen: Er übernahm weitere traditionelle Filmtheater in anderen deutschen Städten und gründete 1989 dann die CinemaxX-Gesellschaft. Gemeinsam mit den Medienunternehmern Rolf Deyhle und Dr. Bodo Scriba hatte Flebbe das Ziel, durch neue Konzepte in der Architektur

Lister Meile

Astor-Kino

und Ausstattung von modernen Multiplexkinos die Menschen in Deutschland für das Kino zurückzugewinnen – so auch mit dem Kino hier in der Nikolaistraße. Nach rund 22 Jahren, im August 2013, schloss sich der Vorhang im CinemaxX wie gewohnt nach der Vorstellung – doch in dem Fall auch für immer. Flebbe hatte sich schon 2008 von CinemaxX getrennt, 2012 dann das Gebäude in der Nikolaistraße gekauft. Den auslaufenden Mietvertrag mit den Kino-Betreibern wollte

Flebbe nur zu neuen Konditionen verlängern. Das jedoch lehnte CinemaxX ab. Im Dezember 2014 gab es dann ein Déjà-vu: Wieder steht Hans-Joachim Flebbe auf dem roten Teppich, umgeben von Stars im Blitzlichtgewitter. Rund 13 Jahre nach der Eröffnung von Deutschlands erstem Multiplexkino weihte er mit dem Astor Deutschlands größtes Premiumkino ein. An dem Ort, an dem bereits Kinogeschichte geschrieben wurde, wollte Flebbe erneut zu einem Kinotrendsetter werden. Das neue Astor, ein Grand Cinema, möchte seine Gäste in die Atmosphäre der 50er- und 60er-Jahre entführen – kombiniert mit dem Komfort eines modernen Premium-Kinos. Mittlerweile gibt es Astor-Kinos in vielen anderen Städten wie in Hamburg, Berlin und München.

Und wie der Vorhang nach einer jeden Kinovorführung schließt, sind wir nun auch am Ende unseres Spaziergangs angekommen. Wir überqueren die **Celler Straße,** um der **Brüderstraße** zu folgen, die zur **Goseriede** wird, und folgen ihr bis zur **U-Bahn-Haltestelle Steintor.**

Pelikans KLASSIKER

In den Jahren nach 1878 entstanden unter der Marke Pelikan einige Klassiker, die bis heute weltbekannt sind. 1929 der Füllhalter mit seiner grün marmorierten Binde, kleckssicher und mit Kolbenfüllmechanik mit Differenzialgetriebe – seinerzeit eine technische Innovation und bis heute Stand der Technik beim Füllhalterbau. Nur zwei Jahre später folgte der Deckfarbkasten 735 D/12, der bis heute die meisten deutschen Schüler durch ihre Schulzeit begleitet. Ebenso wie der Schulfüllhalter Pelikano, den es seit 1960 zu kaufen gibt. Innerhalb weniger Monate entwickelte er sich zum marktbeherrschenden Schulfüller. 1972 produzierte Pelikan dann den ersten Tintenlöschstift, damals noch Tintentiger genannt, ist er heute als Super-Pirat noch der meistverkaufte Tintenlöschstift in Deutschland.

6 NORDSTADT

Start/Ziel: U-Bahn-Station Königsworther Platz, 30159 Hannover (GPS 52.3782430, 9.7232151)
Länge: ca.5 Kilometer
Dauer: ca. 2,5–3 Stunden
ÖPNV: Haltestelle Königsworther Platz, U-Bahn-Linien U 4 und U 5
Parken: In den umliegenden Straßen gibt es Parkplätze

Unterwegs entdeckt:

1 Conti-Campus
2 Georgengarten
3 Leibniz Uniiversität
4 Welfengarten
5 Klein Kröpcke
6 Pinte Pjöng
7 Onkel Ollis Kiosk
8 Engelbosteler Damm
9 Vallintage
10 24grad-Kaffeerösterei
11 Spandau Projekt

Essen + Trinken:

Das Café und Restaurant **lieb.es** punktet mit seiner gemütlichen Einrichtung – Sofas, Sessel und alte Stehlampen laden hier zu einer entspannten Pause ein. Die Idee: Ein Besuch hier soll sich wie ein Stück Zuhause anfühlen. Hier gibt es Frühstück, Mittag- und Abendessen, aber auch Snacks für zwischendurch. Frisch, regional und lecker (Engelbosteler Damm 15, 30167 Hannover, Tel. 05 11/49 53 97 53, www.liebes.cafe.de).

Im **Extrakt** gibt es deftige internationale Küche: von gebackenen Fladenbroten über Bratreis bis zu Pfannkuchen. Das Angebot ist so vielfältig, dass für jeden etwas dabei ist. Die Speisen sind lecker, die Preise günstig – eine schummrig-gemütliche Kneipenatmosphäre gibt es gratis dazu. Sitzen kann man drinnen wie draußen (Hahnenstraße 3, 30167 Hannover, Tel. 05 11/7 01 01 42).

Im Stadtteil der Studierenden

Hannover ist Universitätsstadt und aufgrund der Lage der Uni tummeln sich viele Studierende in der Nordstadt. Dementsprechend gibt es hier rund um den Campus alles, was das Studierendenherz begehrt – und genau das wollen wir auf diesem Spaziergang entdecken.

42.000 Studierende gibt es an Hannovers Hochschulen. Das sind immerhin mehr als acht Prozent der Einwohner der Stadt. Die größte Hochschule ist die Leibniz Universität Hannover – verteilt auf 167 Gebäude. Dazu gehört auch der **Conti-Campus** **1** am **Königsworther Platz.** Das 65 Meter hohe Gebäude fällt einem sofort auf. Es ist denkmalgeschützt und steht bereits seit den 1950er-Jahren hier. Bevor die Uni in den 1990er-Jahren in das Gebäude einzog, erfüllte es aber einen anderen Zweck, der den heutigen Namen Conti-Campus erklärt. 1953 wurden die Gebäude als Verwaltungssitz des Reifenherstellers Continental gebaut. 15 Stockwerke hoch – und das inmitten des damals völlig zerbombten Hannovers. Nach den Plänen des hannoverschen Architekturprofessors Ernst Zinsser entstand damit am Königsworther Platz ein Gebäude, das den Bewohnern Hannovers nach dem Zweiten Weltkrieg vor allem Zukunftshoffnung schenkte. Bei seiner Einweihung war das Conti-Hochhaus das höchste und modernste Bürohaus in der Bundesrepublik und

Conti-Campus

Georgengarten

zog dementsprechend viel Publikum an. Im 14. Stockwerk gab es eine Kantine für die Conti-Mitarbeiter – inklusive des einzigartigen Blicks über die Stadt. Nach dem Wegzug von Continental wurden die Gebäude 1995 von der Uni übernommen und umgebaut: Aus dem Conti-Rechenzentrum wurden Fach-Bibliotheken, die Mensa fand Platz in den bisherigen Garagen an der Schloßwender Straße, auch ein Hörsaalgebäude wurde neu gebaut. Dann konnten die Fachbereiche Rechtswissenschaften, Wirtschaftswissenschaften sowie Sprach- und Literaturwissenschaften einziehen. Die Cafeteria im 14. Stock musste zwischenzeitlich Arbeitsplätzen für Studierende weichen, doch die einzigartige Sicht über die Stadt ist geblieben.

Die ersten Vorlesungen sind geschafft, Zeit für eine Pause – und die verbringen Hannovers Studierende bei schönem Wetter im **Georgengarten** **2**. Dafür überqueren wir die **Schloßwender** und die **Nienburger Straße** – Luftlinie einmal quer über die Kreuzung – und laufen dann in Richtung Grün. Das steinerne Tor markiert den Eingang zur fast 2 Kilometer langen **Herrenhäuser Allee.** Sie verläuft vom **Königsworther Platz** bis zum **Großen Garten** in Herrenhausen und durchzieht damit den gesamten **Georgengarten.** Vier Reihen Kaiserlinden, insgesamt 1300 Stück, und drei Wege fügen sich zu einer schönen Allee zusammen. Ursprünglich wurde der mittlere Weg für Kutschen genutzt, jeweils ein äußerer Weg war für Reiter und für Fußgänger bestimmt. Heute wird sie von Radfahrern und Fußgängern rege genutzt – vor allem von Studierenden, die zu ihrer nächsten Vorlesung fahren. Aber auch wenn man gerade kein Ziel vor Augen hat, kann man es im Georgengarten gut aushalten: Hier lässt es sich prima spazieren gehen, picknicken, sportlich aktiv werden oder faulenzen. Die große Grünfläche – etwas mehr als einen halben Quadratkilometer ist der Garten groß – umrahmt von vielen Baumgruppen ist vor allem bei schönem Wetter belebt. Der Park ist im Stil eines englischen Landschaftsgartens angelegt, der sich

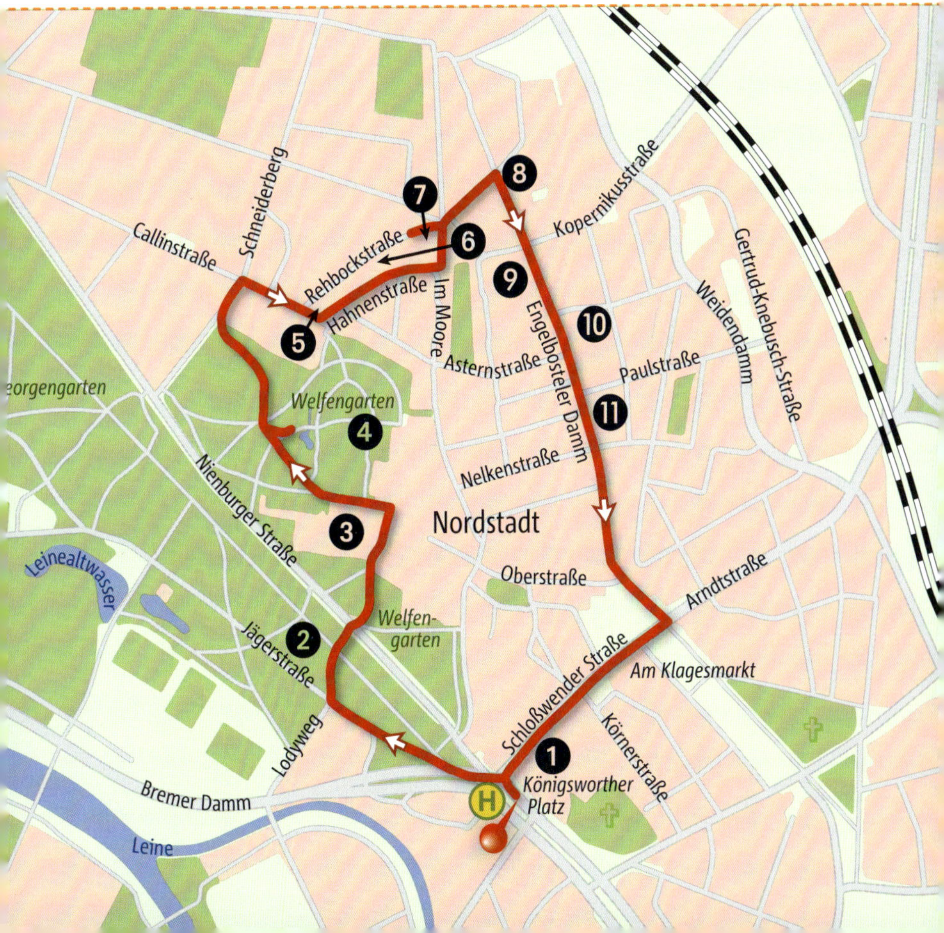

Leibniz Universität

durch das Zusammenspiel von Seen und Wiesen vor natürlichem Hintergrund auszeichnet. Die Wege sind diesem Stil entsprechend in leicht geschwungenen Linien angelegt.

Wir folgen der **Herrenhäuser Allee** allerdings nicht lange, denn schon bald ist auf der anderen Straßenseite die **Leibniz Universität** **3** zu erkennen. Auf Höhe der gleichnamigen U-Bahn-Haltestelle überqueren wir die **Nienburger Straße** und laufen geradewegs auf das Hauptgebäude der Universität zu. Die Universität Hannover hat eine Geschichte, die bis ins Jahr 1831 zurückreicht, als Karl Karmarsch die „Höhere Gewerbeschule zu Hannover" gründete. Damals begannen 64 Schüler ihre Ausbildung. Nahezu 50 Jahre später wurde sie zur „Königlichen Technischen Hochschule" und zog in das umgebaute Welfenschloss um, das wir gerade vor uns sehen. Das Schloss war ursprünglich als Hauptsitz des Königreichs Hannover geplant. Erst 2006 erhielt die Universität übrigens ihren heutigen Namen Gottfried Wilhelm Leibniz Universität zu Ehren des ehemaligen Universitätsgelehrten – im Jahr des 175-jährigen Bestehens der Uni. Heute bietet die Universität 87 verschiedene Studiengänge an, aufgeteilt auf neun Fakultäten – Architektur und Landschaft, Bauingenieurwesen und Geodäsie, Elektrotechnik und Informatik, Maschinenbau, Mathematik und Physik, Naturwissenschaftliche Fakultät, Philosophische Fakultät, Juristische Fakultät und Wirtschaftswissenschaftliche Fakultät. Bei derart vielen Studiengängen kommen schon einige Wissensdurstige zusammen – täglich gehen an der Uni etwa 30.000 Studierende ein und aus. Die Leibniz Uni ist auf eine Fläche von insgesamt 327.128 Quadratmetern verteilt, was der Größe von etwa 46 Fußballfeldern entspricht.

Welfengarten

Wir gehen nun rechts an der Leibniz Uni vorbei, quasi einmal um sie herum, denn dahinter liegt der **Welfengarten** **4**. Der Welfengarten gehört wie auch der Georgengarten zur

Welfengarten

Gruppe der Herrenhäuser Gärten. Das Schöne am Welfengarten sind die stattlichen alten Bäume: Buchen, Eichen, Kastanien, Ahornbäume, Eschen und Platanen überwölben die großen Rasenflächen. Durch die mächtigen Bäume bekommt der Park seinen besonderen Charakter. Direkt hinter dem Welfenschloss gelegen, ist er auch Universitätspark. Hier verbringen Professoren wie Studierende ihre Mittagspausen, Letztere sitzen oft auch bis in den Abend hier zusammen. Hier lässt es sich prima die Sonne und die frische Luft genießen. Gleichzeitig ist der Park aber auch die Hauptverkehrsader für alle, die etwas mit der Uni zu tun haben: Denn durch ihn führen einige wichtige Verbindungswege – wie der Hans-Mayer-Weg zwischen dem Hauptgebäude der Universität und der Brücke zur Hauptmensa am Schneiderberg. Er verläuft in geschwungener Linie längs durch den Welfengarten.

Mensa

Genau diesen Weg wollen wir jetzt auch nehmen, biegen aber direkt vor der Mensa nach rechts in den **Schneiderberg** ab, dann rechts in die **Callinstraße** und an der Ecke zur **Rehbockstraße** wartet unser nächstes Ziel: das **Klein Kröpcke 5.** Das Lokal hat eine lange Tradition in der Nordstadt: Nach dem Krieg zunächst nicht mehr als eine Bretterbude mit Bierverkauf, baute der erste Wirt hier ein festes Gebäude mit Kioskcharakter. Bei den Nordstädtern hieß die Pinte schnell Klein Kröpcke – wegen ihrer Ähnlichkeit mit dem Nachkriegsbau des Cafés Kröpcke in der Innenstadt. 1979 übernahmen Erika Schlange und Wolfgang Rössig das Lokal und erklärten den Spitznamen zum Namen

Klein Kröpcke

des Lokals. Hier trifft man sich – ob als alteingesessener Nordstädter, Student oder am Stammtisch, das urige Lokal lockt jedermann an. Übrigens war das Klein Kröpcke eine der ersten Gaststätten in Hannover, die Fußball live übertrugen, damals noch auf kleinen Fernsehern. Im Januar 2018 übergaben die bisherigen Besitzer das Traditionslokal in die Hände von Zurab Mikava, Betreiber der Gaststätte Kaiser – ebenfalls ein Tradi-

Nordstadt

Pinte Pjöng

tionslokal –, um es in bewährter Manier fortzuführen. Das Klein Kröpcke ist nur eins der vielen Lokale, die es in der Umgebung um die Leibniz Universität gibt. Als Nächstes wollen wir eine richtig alte Studentenkneipe besuchen.

Dafür biegen wir hinter dem **Klein Kröpcke** links in die Hahnenstraße ab und bleiben vor der Nummer 12 stehen – dem **Pinte Pjöng** 6 mit viel jungem Publikum in coolem Ambiente. In der Pinte herrscht Wohnzimmeratmosphäre dank Polstersofas, bunten Bildern an den Wänden und einem Tischkicker. Die perfekte Kneipe für einen gemütlichen Abend mit Freunden. Übrigens gibt es sogar einen Kneipenhund, der Dauergast in der Pinte ist. Der östliche Teil der Nordstadt ist geprägt von Bars, Cafés und Restaurants wie der Pinte – entspannt, gemütlich, abwechslungsreich. Das Angebot ist so individuell wie die Einwohner des Stadtteils: Hier leben alteingesessene Stadtteilbewohner, junge Familien, Studierende und Migranten harmonisch miteinander und sorgen für ein reichhaltiges kulturelles Angebot in ihrem Lebensumfeld.

Wer mal keine Lust hat, in einer Bar oder Kneipe zu sitzen, den treibt es an den Ikone-Kiosk an der **Lutherkirche.** Dafür folgen wir der **Hahnenstraße** und biegen an der **Lutherkirche** links ab, dann nochmals links in die **Rehbergstraße.** Rechts vom Bäcker, direkt hinter der Ecke, befindet sich **Onkel Ollis Kiosk** 7 – eine absolute Ikone in der Nordstadt. Onkel Olli heißt eigentlich Marc Oliver Schrank. Er ist seit 2009 Inhaber des Kiosks. Der Laden an der Ecke ist zwar ein Kiosk, aber geht weit über das hinaus, was man landläufig darunter versteht: Onkel Olli verkauft 200 verschiedene Bier- und 100 Brausesorten aus aller Welt. Und dementsprechend voll sind die Kühlschränke, Kisten stehen auf dem Boden, die Flaschen in den Regalen dicht an dicht. Aber genau das macht den Charme von Onkel Ollis Kiosk aus. Für ein nettes Pläuschchen mit seinen Kunden sind der Besitzer und sein Team immer zu haben. Der Kiosk ist aus der Nordstadt nicht mehr wegzudenken, zu sehr lieben ihn die Bewohner. Und so standen sie auch solidarisch zu ihm, als der Kiosk im September 2020 aus baurechtlichen Gründen von der Stadt geschlossen wurde. Die Schließung schlug hohe Wellen: Es gab eine Solidaritätsdemo, Nachbarn und Politiker setzten sich für den Kiosk ein. Wenige Wochen später durfte Onkel Olli wieder öffnen, im April 2021 bekam er auch die fehlende Genehmigung vom Bauamt. Der Platz rund um die Lutherkirche hat sich in den vergangenen Jahren zu einem begehrten Freizeitort und Treffpunkt entwickelt. Und so ziehen immer mehr Cafés und Bars auch an den Lutherplatz.

Onkel Ollis Kiosk

Wir laufen links an der Lutherkirche vorbei und hinter ihr entlang, um dann auf der Straße **An der Lutherkirche** zu bleiben. Anschließend biegen wir rechts auf den **Engelbosteler Damm 8** – die zentrale Ader der Nordstadt. Von den Hannoveranern auch E-Damm genannt, beginnt dieser an der Christuskirche und führt bis zum Nordbahnhof. Hier reihen sich Cafés, Bars, Restaurants und Geschäfte aneinander. Das Angebot ist vielfältig, wie der Stadtteil. Im Zweiten Weltkrieg wurde nahezu jedes Haus am Engelbosteler Damm zerbombt, heute stehen hier fast nur Bauten aus der Nachkriegszeit. Mitte der 1980er wurde die Nordstadt zum Sanierungsgebiet – mit Fördermitteln und der Finanzierung durch günstige Darlehen begann eine umfassende Aufhübschung des Stadtteils. Industrieflächen wurden zu Neubaugebieten. Dadurch hat der Stadtteil deutlich an Attraktivität und Lebensqualität gewonnen, insbesondere im Hinblick auf verbesserte Wohnbedingungen, Verkehrsberuhigung, Grünflächengestaltung und Spielplatzangebote. Auch Einzelhändler und Gewerbetreibende sehen hier zunehmend eine Chance: So etablieren sich vor allem entlang des E-Damms immer häufiger junge Unterneh-

Engelbosteler Damm

Vallintage

mer, um ausgefallene Kleidung oder selbst gerösteten Kaffee anzubieten.

Im Secondhand-Vintage-Shop **Vallintage 9,** wenige Meter vor uns am **E-Damm** gelegen, kann man dank der reichlich angebotenen Vintage-Kleidung eine kleine Zeitreise unternehmen. Der Name ist eine Kombination aus den Worten „Vintage" und „All". Und der Name ist Programm: Auf zwei Ebenen finden Mann und Frau eine riesige Auswahl an T-Shirts, Jacken, Schuhen, Hosen, Accessoires. Wer hier beim Stöbern fündig wird, kann sich außergewöhnliche Looks zusammenstellen – und zwar zu einem fairen Preis. Längst ist Secondhand wieder in der breiten Gesellschaft angekommen und so trifft der Laden einen Trend – vor allem in der nachhaltigen alternativen Community der Nordstadt. Die richtige Adresse für alle, die ihr Outfit gern mit etwas Einzigartigem aufpeppen wollen.

Die Nordstadt wird attraktiver.

Von Kleidung zu Kaffee geht es, indem wir einmal die Straße überqueren und ein paar Schritte weiter dem **E-Damm** folgen. Die **24grad-Kaffeerösterei 9** vereint Café und Rösterei. Auch hier steht das Thema Nachhaltigkeit hoch im Kurs: Denn die hannoversche Kaffeerösterei fördert hochwertige und

24grad-Kaffeerösterei

nachhaltige Kaffeekultur. Die Bohnen kommen aus aller Welt – von Espresso aus Papua-Neuguinea bis zu Kaffee aus Burundi. Das Angebot ist speziell, jeder Kaffee hat seine eigene Note, deshalb ist ein Besuch ein absolutes Muss für Kaffee-Liebhaber. Und weil der Kaffee sich auch unter Studierenden reger Beliebtheit erfreut – Stichwort dauerhafter Schlafmangel –, sieht man hier viele von ihnen bei einem gemütlichen Kaffee sitzen oder an einem gemeinsamen Projekt arbeiten.

Spandau Projekt

Zu den ersten Lokalen, das auf dem „neuen" E-Damm entstand und noch immer hier ansässig ist, zählt das **Spandau Projekt 10.** Wir erreichen es, indem wir den **E-Damm** noch etwas weiter in Richtung **Königsworther Platz** gehen. Vor rund 20 Jahren, im Jahr 2003, eröffneten Dirk Sabrowski und Heiko Heybey ihre Bar in einem alten Möbelgeschäft auf dem Engelbosteler Damm. Von dem ehemaligen Möbelgeschäft stammt übrigens auch der Name: Möbelhaus Spandau hieß der Laden der gleichnamigen Familie. Heute zählt das Spandau Projekt zu den bekanntesten Restaurants der Stadt. Mittlerweile gibt es noch weitere Ableger – die Strandbar Strandleben in Linden und das Spandau Süd in der Südstadt.

Von hier aus folgen wir dem **E-Damm** bis zur **Christuskirche,** um dann rechts in die **Schlorrender Straße** abzubiegen. Wir laufen auf ihr bis zum **Königsworther Platz** – dem Ort, an dem der Tag vieler Studierender in Hannover beginnt und unser Spaziergang nun endet.

7 OSTSTADT

Start/Ziel: Bushaltestelle Neues Haus, 30175 Hannover
(GPS 52.3772382, 9.7521690)
Länge: ca. 5,5 Kilometer
Dauer: ca. 2 Stunden
ÖPNV: Haltestelle Neues Haus, Buslinien 100, 121, 128, 134, 900
Parken: kostenlose Parkplätze in der Hohenzollernstraße

Unterwegs entdeckt:
1 Arkaden „Neues Haus"
2 Königinnen-Denkmal
3 Waldersee-Denkmal
4 Wakitu-Spielplatz
5 Lister Turm
6 Rasenlabyrinth „Rad"
7 Waldcafé Milchhäuschen
8 Großer Teich

Essen + Trinken:

Im **Biergarten Lister Turm** gibt es griechische Spezialitäten wie Gyros, Fladenbrot und Feta, aber auch Weißwürste oder Obatzter-Brotaufstrich, die Klassiker aus Bayern. Ausschließlich Selbstbedienung und Sitzplätze unter freiem Himmel (Walderseestraße 100, 30177 Hannover, Tel. 05 11/86 67 10 00, www.lister-turm-biergarten-hannover.de).

In dem urigen **Waldcafé Milchhäuschen** mitten in der Eilenriede lässt sich prima eine Pause mit Kaffee und Kuchen verbringen. Die Spezialität des Hauses ist die Buttermilch. Oder darf es lieber eine Waffel sein? (Wilhelm-Busch-Weg 10, 30161 Hannover, Tel. 01 61/93 52 42 79, https://www.facebook.com/Wald-Cafe-Milchhäuschen-Eilenriede-195462417245230/)

Waldspaziergang mitten in der Stadt

Mit seiner Gesamtstrecke von 130 Kilometern bietet der Stadtwald Eilenriede auf seinen Wegen viele Möglichkeiten für eine Pause vom Alltag. Zwischen großen Bäumen und weiten Wiesen versteckt sich hier auch die eine oder andere Sehenswürdigkeit. Eine Entdeckungsreise im Grünen.

Die **Eilenriede** ist die grüne Lunge Hannovers – 640 Hektar Wald, Wiesen, Fuß- und Radwege. Mitten in der Stadt gelegen, lädt sie ganz Hannover zur Erholung direkt vor der eigenen Haustür ein. Hier hört man das Zwitschern der Vögel in den Baumkronen und das Knistern der Blätter auf dem Boden, atmet die frische und oft kühle Waldluft ein und fühlt sich plötzlich so gar nicht mehr, als befände man sich in einer Großstadt. Abtauchen wollen wir in die grüne Welt der Eilenriede, indem wir zunächst durch das Tor zum Stadtwald gehen – die **Arkaden „Neues Haus"** **1**. Von der **Bushaltestelle Neues Haus** laufen wir über die **Königstraße** direkt auf den **Platz Neues Haus** zu und können schon von Weitem die Arkaden und dahinter das üppige Grün der Eilenriede erkennen. Wo heute die **Hochschule für Musik, Theater und Medien** steht, befand sich im Jahr 1894 ein Konzert-Café mit großem Konzertgarten. Das sogenannte Neue Haus galt lange als die schönste Waldwirtschaft der Stadt. Das Gebäude fiel dem Krieg zum Opfer, einzig die Arkaden blieben erhalten. Und so laden sie heute ein, durch sie hindurchzuschlendern und damit in die Welt der Eilenriede einzutauchen.

Arkaden „Neues Haus"

Wir folgen dem geradeaus verlaufenden Waldweg für Fahrräder und Fußgänger auf der linken Seite. Und da wir historisch gesehen gerade im späten 18. Jahrhundert unterwegs

Königinnen-Denkmal

sind, finden wir auf der linken Seite ein nächstes Zeugnis aus dieser Epoche: das **Königinnen-Denkmal 2.** Dafür verlassen wir kurz die Eilenriede in Richtung Straße und gehen hinaus auf den Vorplatz, auf dem die Statue steht. Das Denkmal zeigt die beiden Schwestern Luise von Preußen und Friederike von Hannover. Beide hier geboren, wurde Friederike im Jahr 1837 Königin von Hannover, während Luise bereits von 1793 bis zu ihrem Tod im Jahr 1810 Königin von Preußen war. Der Bildhauer Valentino Casal hat die Doppelstatue aus Marmor im Auftrag von Kaiser Wilhelm II. geschaffen – als Geschenk an die Stadt. Enthüllt am 100. Todestag von Königin Luise ist das Denkmal eine vergrößerte Nachbildung der Berliner Prinzessinnengruppe von Johann Gottfried Schadow aus dem

Waldersee-Denkmal

Eilenriede

Jahr 1795. Im Jahr 2005 wurde es restauriert und auch der Platz wurde neu gestaltet.

Die Statue im Rücken geht es wieder zurück in die Eilenriede hinein, wir biegen links ab und folgen dem Waldweg für einen halben Kilometer, bevor wir an der zweiten großen Abzweigung für eine weitere Sehenswürdigkeit wieder links aus dem Wald heraustreten. Das **Waldersee-Denkmal 3** wurde zu Ehren des 1904 verstorbenen preußischen Generalfeldmarschalls Alfred Graf von Waldersee geschaffen, der seinen Lebensabend in einer Villa in der Nähe der Musikhochschule verbrachte. Das Denkmal schuf Bernhard von Hoetger im Jahr 1915. Nach Waldersee wurde auch die Straße benannt, die vom Lister Turm bis zum Spannhagengarten führt. Über eine mögliche Umbenennung der Walderseestraße gibt es bereits seit Langem eine politische Kontroverse. Dem Namensgeber werden schwere Verbrechen beim Niederschlagen der Boxeraufstände 1901 in China vorgeworfen. Es ist nicht das erste Mal, dass es in Hannover Diskussionen um Straßennamen gibt. Auch der Platz Neues Haus am Eingang der Eilenriede bekam erst 2019 seine an das Konzerthaus angelehnte Bezeichnung. Zuvor hieß er Emmichplatz – die Nationalsozialisten benannten ihn im Jahr 1933 nach dem umstrittenen General Otto von Emmich.

Wir gehen zurück in die Eilenriede und folgen dem gewohnten Weg, bis wir nicht nur Kindergeschrei hören, sondern auf der rechten Seite auch einen Spielplatz sehen.

Wakitu

Der Waldkinder-Tummelplatz, kurz **Wakitu 4,** ist der älteste Spielplatz Hannovers. Als die Stadt Ende des 19. Jahrhunderts immer dichter bebaut wurde und damit die Bevölkerung erheblich wuchs, verschwanden mit den freien grünen Flächen in der Wohnumgebung auch die Spielmöglichkeiten für Kinder. Die daraus resultierenden Forderungen nach neuen Angeboten für die jüngsten Hannoveraner führten schon 1895 zur Anlage des Wakitu-Spielplatzes, der damals aus nicht mehr als einer großen Sandkiste mit einem Geländer, das als Kletterstange diente, und einer Schutzhütte bestand. Allein in den vergangenen 30 Jahren wurde der Spielplatz drei Mal erneuert, ergänzt und umgestaltet. Die letzten großen Veränderungen erfolgten 2017/18 – seitdem gibt es hier viele Spielgeräte aus Naturmaterialien, man kann über große Findlinge springen oder auf einem Kletterparcours balancieren und hangeln. Erlebnispädagogische Angebote laden außerdem zum Schnitzen, Kochen, Feuermachen ein. Direkt nebenan gibt es außerdem einen Hochseilgarten und gegenüber einen Minigolfplatz. Die Eilenriede steht wie kein anderes Areal in Hannover für die Naherholung, dabei rückten die

Die Eilenriede steht für Naherholung.

Lister Turm

Rasenlabyrinth „Rad"

Wohnungen im Laufe der Zeit immer näher an den Stadtwald heran und er war für viele Bewohner der Stadt dadurch nur noch einen Katzensprung entfernt. Die Hannoveraner fanden damals vor allem an den eleganten Waldwirtschaften wie Neues Haus oder Steuerndieb Gefallen. Doch der Krieg hinterließ nicht nur bei den Gasthäusern seine Spuren, auch die Eilenriede selbst fiel ihm zum Opfer und wurde zudem durch eine intensive Brennholznutzung in der Nachkriegszeit, aber auch durch Stürme schwer geschädigt. Erschreckende 30 Prozent des damaligen Baumbestandes wurden vernichtet. Dass man heute keine Breschen mehr zwischen den Altbeständen sieht, liegt an der schnellen Aufforstung des Waldes.

Heute erfreut sich übrigens eine andere Waldwirtschaft besonderer Beliebtheit bei den Hannoveranern: der Biergarten am **Lister Turm** **5**. Wir erreichen den Lister Turm, indem wir unserem Waldweg weiter folgen und die **Bernadotteallee** überqueren. Das Stadtteilzentrum Lister Turm für die List- und die Oststadt befindet sich in einem märchenhaften historischen Gebäude in idyllischer Lage am Rande der Eilenriede und bietet Raum für Bildungs- und Freizeitangebote. Hier finden regelmäßig Veranstaltungen für Groß und Klein statt – ob Theater, Konzerte oder Mitmachkurse. 1898 wurde die Waldgaststätte Lister Turm errichtet. Zu dieser Zeit war es angesagt, seine Freizeit mehr und mehr im Freien zu verbringen. Und auch heute noch lässt sich hier im Biergarten wunderbar entspannt ein lauer Sommerabend unter dem grünen Blätterdach der Eilenriede verbringen – mit einem Kaltgetränk oder einem deftigen Essen.

Aber wir haben noch einige Stationen vor uns und machen uns deshalb wieder auf den Weg. Es geht ein kleines Stück die **Bernadotteallee** hinunter, um hinter dem Lister Turm links erneut in die Eilenriede einzubiegen. Der etwas kurvig verlaufende Weg führt uns direkt zu unserem nächsten Halt, den wir zwischen der zweiten und dritten Kreuzung erreichen: dem **Rad 6.** Das Rasenlabyrinth ist deutschlandweit eines der letzten seiner Art. Im Gegensatz zu anderen Labyrinthen kommt es mit nur zentimeterhohem Gras und Kies aus. Im Jahr 1642 zum ersten Mal in der Stadtchronik erwähnt, soll der Irrgarten für rituelle Tänze genutzt worden sein. Bis 1932 befand er sich noch am Platz Neues Haus, bevor er an seinen heutigen Standort verlegt wurde. Das Labyrinth zieht sich kreisförmig um eine in der Mitte stehende Linde. Schaffen wir es, den Baum zu erreichen? Beim Verlassen der Lichtung werfen wir noch einen Blick auf eine große Eiche mit einem Gedenkstein. Der mächtige Baum ist über 130 Jahre alt: Im Jahr 1882 wurde er zu Ehren des Hofkapellmeisters des Königs Georg V. von Hannover, Carl Ludwig Fischer, hier gepflanzt und gehört damit zum naturhistorischen geschützten Baumbestand der Eilenriede.

Fischereiche

Wir gehen nun geradeaus auf die große Straße und nehmen hinter der Wiese den Waldweg in Richtung **Bernadotteallee** zurück, überqueren die Straße und folgen dem Weg auf der anderen Seite. An der dritten Abzweigung biegen wir

Milchhäuschen

Bronzestatue am Großen Teich

rechts ab. Hier fällt ein einladendes kleines Freiluft-Café ins Auge: das **Milchhäuschen 7.** Das Café gehört zur Eilenriede wie ihr Baumbestand und hat seit mehr als 100 Jahren Kultstatus erreicht. In seinen Anfangszeiten wurde die Buttermilch noch mit einem Handwagen in großen Kannen herangeschafft. Dieses Spektakel kann man heute nicht mehr beobachten, aber die Buttermilch gilt auch heute noch als Spezialität des Milchhäuschens. Seine lange Geschichte, die märchenhafte Dekoration und die Lage mitten in der Eilenriede machen das Café zu einem einzigartigen Ausflugsziel.

Weiter geht es links herum, wir nehmen die zweite Waldwegabbiegung nach links und biegen dann nach rechts ab, sobald wir die Brücke sehen. Bevor unsere Wanderung endet, halten wir noch am **Großen Teich 8,** auch Ententeich genannt. An der darüber hinwegführenden Brücke steht seit 1929 die bronzene Statue eines Steinbocks, der über den Teich blickt. Die Brücke wurde bis zum Frühjahr 2021 saniert, die Statue so lange eingelagert. Das Original der Skulptur wurde von Ernst Gorsemann in Bronze gegossen. Seit 1950 steht in der Eilenriede ein Nachguss. Der Ententeich wurde 1926 als Teil der Waldparkgestaltung des früheren Gartenbaudirektors Julius Trip angelegt. Dieser hatte die Bedeutung der Eilenriede für Hannover von Anfang an im Blick und entwickelte Pläne, um sie parkartig zu erschließen. So wurden im Zuge der Parkgestaltung breite Promenadenwege auf einer Länge von 9,6 Kilometern angelegt.

Waren die Hannoveraner zunächst noch skeptisch, kam das Gestaltungskonzept für die Eilenriede doch positiv an und wurde schließlich auf die gesamte Anlage übertragen.

Wir überqueren die Brücke, folgen dem Weg durch die Eilenriede, bis wir wieder bei den Arkaden ankommen. Während sie auf dem Hinweg das verlockende Tor in den erholsamen Stadtwald bilden, lassen sie einen auf dem Rückweg in das quirlige Großstadtleben eintreten.

Großer Teich

EILENRIEDE

Der Name Eilenriede stammt von dem Wort Ellernried ab, was für „feuchter Wald" steht. Die Verbindung kommt nicht von ungefähr, denn schon im frühen Mittelalter war die Eilenriede bekannt für ihren feuchten Boden und die vielen Erlen (früher Ellern), die dort wuchsen. Deshalb eignete sich die Eilenriede nicht für die Landwirtschaft. Ein Glück, denn so blieb sie erhalten. Im Jahr 1371 schenkten die Herzöge Wenzeslaus und Albrecht von Sachsen der Stadt Hannover und ihren Bürgern die Eilenriede unter der Bedingung, den Wald zu pflegen und zu erweitern. Der nördliche Teil hat sich seitdem kaum verändert, im Süden kamen etwa 200 Hektar hinzu. Eine schlimme Zeit in der Geschichte der Eilenriede war vor allem das frühe 17. Jahrhundert. Damals diente Holz als Rohstoff für fast alles – vor allem im Handwerk, Baugewerbe und natürlich als Brennmaterial. So wurde die Eilenriede nach und nach geplündert. Doch der Stadtwald erholte sich wieder und man lernte daraus: Im späten 18. Jahrhundert schließlich wurden strenge Regeln für die Nutzung des Waldes festgelegt – und damit die Eilenriede gerettet.

8 LIMMER

Start/Ziel: U-Bahn-Station Harenberger Straße, 30453 Hannover (GPS 52.377048, 9.689870)
Länge: ca. 4,5 Kilometer
Dauer: ca. 2 Stunden
ÖPNV: Haltestelle Harenberger Straße, U-Bahn-Linie U 10
Parken: in den umliegenden Straßen

Unterwegs entdeckt:

1 Kanalbrücke Eichenbrink
2 Lindener Schleuse
3 Verbindungskanal zur Leine
4 Wasserkraftwerk Herrenhausen
5 Ernst-August-Kanal

Essen + Trinken:

Ein gutes Mittagessen bekommt man in Limmer im **Restaurant der Schwanenburg.** In einer ehemaligen Fabrik am Flussufer bietet die trendige Cafeteria mit Terrasse Gerichte aus aller Welt an. Von Süßkartoffelquiche über Chili con Carne bis hin zu Kartoffelrösti – der Speiseplan für das Mittagessen wechselt jede Woche (Zur Schwanenburg 11, 30453 Hannover, Tel. 05 11/2 13 17 01, www.schwanenburg.net).

Süßes und Herzhaftes für zwischendurch gepaart mit einem guten Kaffee gibt es bei der **Hannoverschen Kaffeemanufaktur.** Hier sitzt man draußen und drinnen am Ursprungsort der damals noch kleinen Rösterei, die 2012 hier gegründet wurde, mittlerweile gibt es sie sogar in China. Kaffee-Liebhaber kommen hier voll auf ihre Kosten und können sich durch verschiedene Kaffeesorten probieren (Wunstorfer Straße 33, 30453 Hannover, Tel. 05 11/31 01 04 50, www.hannoversche-kaffeemanufaktur.de).

Schifffahrt, Schleusen, Wasserkraft

Was hat ein kleiner Kanal mit der Fontäne in Herrenhausen zu tun? Und welche Bedeutung hat eigentlich der Mittellandkanal für die Schifffahrt? Bei einem Spaziergang zu den Kanälen in Limmer lässt sich einiges über Schiffe, Pumpen und Schleusen lernen.

Der Stadtteil Limmer hat im vergangenen Jahrhundert eine bemerkenswerte Wandlung erlebt: 1909 wurde das damalige Dorf Limmer nach Linden eingemeindet, gemeinsam mit Linden gehört es seit 1920 zu Hannover. Seitdem hat sich Limmer von einem eher verschlafenen zu einem pulsierenden Stadtteil entwickelt. Nicht zuletzt wegen seiner stetig steigenden Einwohnerzahl – derzeit sind es etwa 6200 –, durch das neue Wohngebiet der Wasserstadt und weitere Neubauten. Durch die Lage am Stichkanal Hannover-Linden und der Leine war und ist Limmer geprägt von den Kanälen, die wir auf dieser Rundtour gemeinsam entdecken wollen. Dafür folgen wir zunächst der **Harenberger Straße** nach Westen und biegen dann links in die **Kirchhöfnerstraße** ab.

Kanalbrücke Eichenbrink

An deren Ende schwenken wir rechts in die Straße **Eichenbrink** ein und folgen ihr, bis wir auf der Brücke über dem Kanal stehen: der **Kanalbrücke Eichenbrink 1.** Sie führt über den Stichkanal Hannover-Linden und bietet eine schöne Aussicht in beide Richtungen – auf der rechten Seite auf den **Lindener Hafen.** Die Eichenbrinkbrücke

Lindener Hafen

führt bereits seit ihrem Bau im Jahr 1913 über den Kanal. Mit einer lichten Höhe von 4 Metern, die den freien Raum zwischen Wasser und Unterkante der Brücke definiert, handelt es sich um eine genietete Bogenbrücke. Das war seinerzeit eine übliche Bauweise, um für mehr Betriebssicherheit zu sorgen. Doch viele dieser genieteten Bogenbrücken wurden mittlerweile durch Neubauten ersetzt. Die Kanalbrücke Eichenbrink jedoch darf heute in ihrer Form noch existieren, weil der Stichkanal – entgegen ursprünglichen Plänen – nicht verbreitert wurde. Doch nicht nur die Brücke hätte eine Verbreiterung des Kanals nicht überstanden, auch viele Häuser an seinem Ufer hätten abgerissen werden müssen. Die Betonung liegt auf hätte, denn 2016 wurde die Wasserschifffahrtsdirektion neu geordnet. Im Zuge dessen wurde ebenfalls definiert, dass es sich bei dem Stichkanal nicht um eine Hauptwasserstraße handelt. Somit gab es auch keine Notwendigkeit für eine Verbreiterung. An den Enden der Brücke befinden sich vier massive Sandsteinportale, die vor allem einen Zweck erfüllen sollten: die Technik verbergen, von der man damals meinte, dass sie nicht ins Stadtbild passen würde. Wir überqueren den Stichkanal und biegen rechter Hand in die **Sichelstraße** ein, um am Ufer des Kanals entlang weiterzulaufen.

Der Mittellandkanal ist der längste Kanal Deutschlands.

Auf der **Sichelstraße** bleibend und uns weiterhin rechts haltend, erreichen wir die **Lindener Schleuse 2**. Diese Schleuse ist ein außerordentlich wichtiger Verbindungspunkt zwischen dem 11,2 Kilometer langen Stichkanal Linden und dem Mittellandkanal. Als zentrale Ost-West-Verbindung hat dabei vor allem der Mittellandkanal eine hohe wirtschaftliche Bedeutung. Fertiggestellt 1906 ist er mit einer Länge von 321 Kilometern der längste Kanal Deutschlands. Er zweigt bei Bergeshövede vom Dortmund-Ems-Kanal ab und endet in Hohenwarthe bei Magdeburg. Damit Güter per Schiff vom Mittellandkanal aus auch in den Lindener Hafen gelangen konnten, wurde zehn Jahre später der Stichkanal Linden gebaut. Und damit einhergehend auch die Schleuse in Limmer als

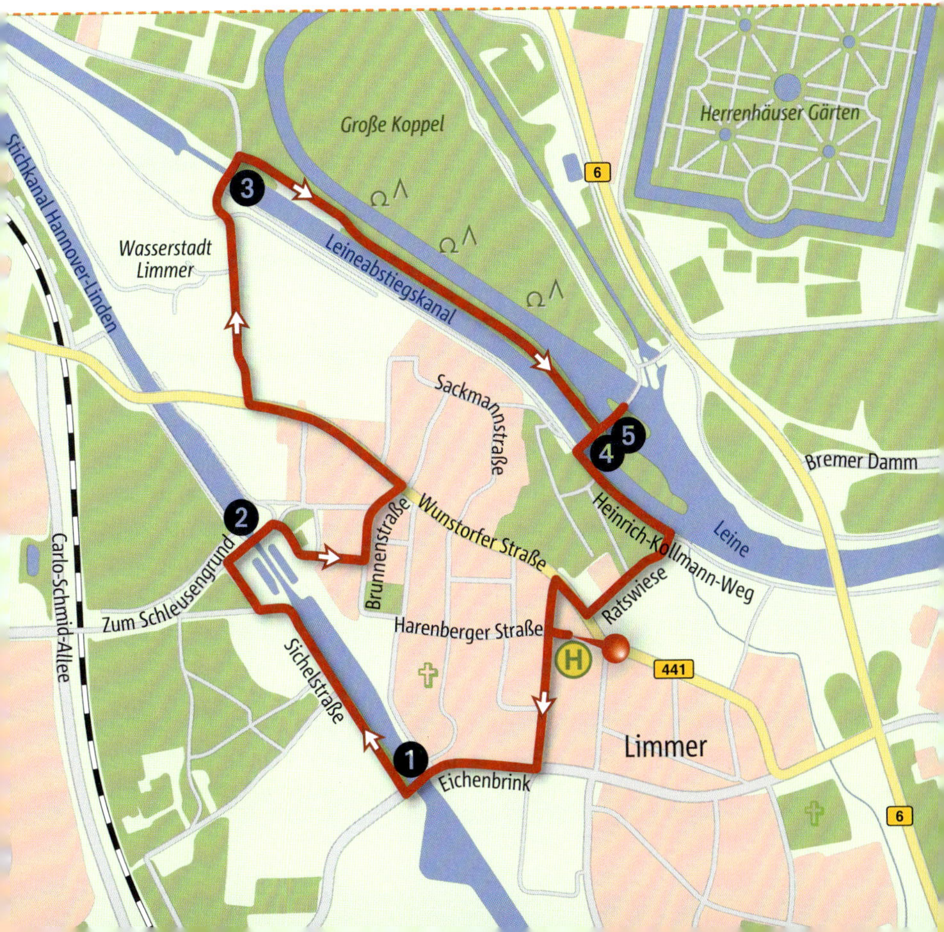

Lindener Schleuse

Contiturm

sogenannte Schachtschleuse mit seitlichen, offenen Sparbecken. Im April 1917 ging sie in Betrieb. Seitdem gleicht sie die 7,70 Meter Höhenunterschied zwischen den beiden Kanälen aus, selbst Wasserfahrzeuge bis 83 Meter Länge können hier geschleust werden. Die Geländer mit ihren Ornamenten sind noch im Stil der Anfangszeit erhalten. Die Schleuse ist 92 Meter lang und 10 Meter breit, ihre Kammern füllen bis zu 7500 Kubikmeter Wasser. Zwar kann man das Pumpenhaus nicht besichtigen, doch wer genau hinhört, vernimmt das Brodeln des Wassers, wenn die Pumpen laufen. Um das Schleusen, also das Herablassen auf den Wasserspiegel des Mittellandkanals, auszugleichen, wird das Wasser hier wieder auf den Wasserstand von 58 NN gepumpt. Die Schleuse hier in Limmer wird von der Schleuse am Mittellandkanal in Anderten aus ferngesteuert, die erst 1926 hinzukam. Wer sie passieren will, muss seine Schleusung vorab telefonisch beim Wasserstraßen- und Schifffahrtsamt in Lohnde anmelden. Als vor etwas mehr als 100 Jahren im Lindener Hafen das erste Motorschiff entladen wurde, nahm auch der Eisenbahnbetrieb durch die Lindener Hafenbahn seine Arbeit auf. Das 70 Hektar große Hafengebiet hat heute nicht mehr die große Bedeutung wie damals, ist aber noch immer ein wichtiger Wirtschaftsstandort. Denn der Transport von Waren auf Binnenschiffen ist viel umweltfreundlicher als mit Lastwagen: Im Vergleich zu einem 40-Tonnen-Sattelzug verbraucht ein Schiff weniger als ein Drittel an Energie und stößt entsprechend weniger Treibhausgase aus. Betriebe aus dem Speditionsgewerbe, der Bau- und Recyclingwirtschaft sowie der Chemie und des Stahlhandels mit rund 3000 Beschäftigten sind am Hafen ansässig. Bislang nutzen aber nur sehr wenige von ihnen den Wasserweg zum Mittellandkanal.

Lindener Schleuse

Wir überqueren den Kanal, folgen der **Harenberger Straße** und biegen an der kommenden Gabelung leicht links ab. An der nächsten Kreuzung wenden wir uns nach links in die **Brunnenstraße** und gehen bis zur **Wunstorfer Landstraße.** Hier überqueren wir die Straße und folgen der Wunstorfer Landstraße nach links. Wir biegen nach rechts zur **Wasserstadt** ab und folgen der Straße bis zur Brücke, denn von dort haben wir den besten Blick auf den **Verbindungskanal zur Leine 3.** Er zweigt vom Stichkanal Hannover-Linden ab und verbindet den Mittellandkanal mit der Leine. Wir stehen hier an der **Leineabstiegsschleuse,** die den Abstieg um 1,90 Meter vom Niveau des Mittellandkanals auf das Niveau der gestauten Leine ermöglicht. Die Schleuse ist 80 Meter lang und 10 Meter breit und wird heute nur noch von Fahrgastschiffen und Sportbooten genutzt. Früher dienten der Kanal und die Schleuse als Anschluss zu den Fabriken auf der Höhe des heutigen Ihme-Zentrums. Die Leine ist seit dem 14. Jahrhundert im Bereich zwischen der Oberweser bis nach Bremen schiffbar, später auch für größere Schiffe mit 60 bis 70 Tonnen Tragfähigkeit. Damals wurden auf der Leine vor allem Rohstoffe wie Getreide und Holz aus dem Solling und Blei aus dem Harz nach Bremen geliefert. Auch heute ist die Leine noch befahren: Zwischen Hannover und ihrer Mündung in der Aller zählt sie zu den Bundeswasserstraßen und weist

Verbindungskanal

Weg am Kanalufer

deutlich mehr Schiffsverkehr auf als vor Hannover. Dabei handelt es sich aber selten um Gütertransporte, sondern mehr um Wassersportler mit ihren Booten und Yachten. Die Leine hat eine Gesamtlänge von 280 Kilometern und durchquert in ihrem Verlauf Thüringen und Niedersachsen. Damit ist der Fluss, der seinen Namen übrigens dem benachbarten Leinegebirge verdankt, der drittlängste Fluss des Flusssystems der Weser.

Wir wechseln auf die andere Uferseite des Verbindungskanals und biegen rechts ab. Wir folgen dem Weg am Ufer entlang bis zum **Wasserkraftwerk Herrenhausen 4**. Wo heute Beton das Wasser der Leine staut, stand früher ein historisches Wehr aus Holz. Aufgestaut wurde die Leine, um mit der gleichzeitig errichteten Wasserkunst, dem Wasserhebewerk und einem Wasserleitsystem die große Fontäne im Großen Garten zu betreiben. Seit 1999 erzeugen die Stadtwerke Hannover mit dem Wehr klimafreundlich Strom. Das Wasserkraftwerk wurde im Rahmen des Expo-Projektes „Die Stadt als Garten“ erbaut. In vier Jahren Planung und Bauzeit wurden dafür 5800 Kubikmeter Erde ausgehoben sowie 4000 Kubikmeter Beton eingebaut. Ein Riesenprojekt, insgesamt 11 Millionen DM (= 5,62 Millionen Euro) hat das Kraftwerk gekostet. Heute erzeugt es pro Jahr rund 3,3 Millionen Kilowattstunden Strom und kann damit etwa 970 Zweipersonenhaushalte versorgen. Und das auf umweltfreundliche Weise, denn durch den Bezug des Stroms aus dem Wasserkraftwerk können jedes Jahr rund 2000 Tonnen CO_2 eingespart werden. Mit einer Fallhöhe von 2,10 Metern treibt das Leinewasser zwei sogenannte Kaplan-Rohrturbinen an. Diese Turbinen ähneln einer dreiflügeligen Schiffsschraube und haben einen Durchmesser von 1,95 Metern. Ihre elektrische Leistung beträgt jeweils 470 kW, die Gesamtleistung liegt bei 940 Kilowatt pro Jahr. An durchschnittlich 30 Tagen im Jahr steht das kleine Kraftwerk still – wegen Hochwassers. Im Zuge der Expo wurde auch eine Fischaufstiegsanlage gebaut, die es den Tieren ermöglicht, den Höhenunterschied von 3,25 Metern zu überwinden. In der Hauptwanderzeit sind auf der 95 Meter langen Anlage bis zu 1000 Fische pro Tag unterwegs. Die Anlage besteht aus 25 kleinen Einzelbecken und ermöglicht den Fischen ein „stufenweises" Hinaufschwimmen um das Wehr herum.

Fischaufstiegsanlage

Von hier aus laufen wir nun noch ein Stück weiter in unserer bisherigen Laufrichtung, um an den **Ernst-August-Kanal** **5** zu gelangen. Dessen Geschichte geht zurück bis ins Jahr 1696, als der Universitätsgelehrte Gottfried Wilhelm Leibniz auf die Idee kam, die Fontäne im Großen Garten mit dem Wasser aus der Leine zu versorgen. Dafür wollte er aus der Leine einen Kanal abzweigen und an dessen Beginn ein Stauwehr mit Wasserrad bauen, um dann die Verbindung zur Fontäne im Großen Garten zu legen. Erst nach Leibniz' Tod 1718 war das Stauwerk fertig. Als Umflutkanal wurde der heutige Ernst-August-Kanal bis 1720 angelegt. Neben der Wasserversorgung der Fontäne erfüllt er aber noch einen anderen Zweck: Durch die Schleuse im Kanal überbrückte er den Höhenunterschied zwischen dem Wehr in Limmer und der weiteren Leine. Die alte Schleuse verleitet praktisch dazu, sich vorzustellen, wie sie früher noch in Bewegung war. Sie verfügt noch über die originalen Winden und einen langen Stab als Schieber zum Bewegen der Tore. Das Wasser staute sich bis zu 3,20 Meter auf und bewegte fünf große Wasserräder. Den Auftrag zum Bau der Pumpenanlage in Herrenhausen erhielt 1718 der Engländer William Benson. Die 322 hergestellten gusseisernen Rohre dienten als Wasserleitung zwischen den Pumpen und der Fontäne. Doch der erste Probelauf ging schief – die Rohre waren undicht und die Fontäne kam nur auf eine Höhe von 5 Meter. Allen Beteiligten war klar: Hier muss nachgebessert werden. Und so wurde die etwa 550 Meter lange Druckleitung daraufhin durch eine doppelte Leitung aus Bleirohren größeren Durchmessers ersetzt. Diesmal mit Erfolg: Die Fontäne erreichte im Jahr 1720 bei Vollbetrieb aller inzwischen fertiggestellten fünf Wasserräder die Höhe von 35 Metern. Herrenhausen hatte damit den damals höchsten Springstrahl der Welt. Das überschüssige Wasser wurde in den Ernst-August-Kanal geleitet, der in nordwestlicher Richtung verläuft. Er ist 900 Meter lang und mündet wieder in die Leine.

Wasserkraftwerk

So groß die Freude 1720 über die Fontäne auch war, ihre Bedeutung als technisches Vorzeigeobjekt sank während der Personalunion mit England. Der Fokus lag seinerzeit auf Handel, Schleuseneinnahmen und Zöllen ausländischer Schiffe. So wurde 1768/69 am südlichen Kanalende eine neue Schleuse aus Sandsteinquadern aus dem Deister gebaut, die es Transportschiffen ermöglichte, ganzjährig und unabhängig vom Pumpenbetrieb für die Wasserspiele zu schleusen. Das brachte zusätzlich Geld in die Staatskasse. Das heute an der Stelle des ehemaligen Pumpenhauses stehende Gebäude mit der gotischen Dreiturmfassade wurde 1864 erbaut, im gleichen Zeitraum wurde die Wasserkunst noch durch zwei 8,47 Meter hohe Wasserräder und vier Pumpenmaschinen mit 186 PS Leistung ersetzt. Seit 1956 wird die große Fontäne durch eine elektrische Umwälzpumpe bis auf 82 Meter Höhe gebracht, die Maschinen der Wasserkunst dienen heute nur noch dazu, die Graft aufzufüllen. Kleiner Tipp: Den schönen Blick aus den Fenstern des Pumpenhauses sollte man sich nicht entgehen lassen.

Ernst-August-Kanal

Auf dem Rückweg überqueren wir die Leine und den Leineabstiegskanal, um dann links in den **Heinrich-Kollmann-Weg** abzubiegen. Wir folgen ihm bis zur ersten Abzweigung nach rechts, die uns auf die **Ratswiese** führt. Dann noch einmal links in die Wunstorfer Straße einbiegen und gleich wieder rechts in die **Harenberger Straße.**

9 KIRCHRODE-BEMERODE

Start: U-Bahn-Station Kronsberg, 30539 Hannover (GPS 52.339073, 9.833884)
Ziel: Bushaltestelle Straße der Nationen, 30539 Hannover (GPS 52.313965, 9.818241)
Länge: ca. 7 Kilometer
Dauer: ca. 2,5–3 Stunden
ÖPNV: Haltestelle Kronsberg, U-Bahn-Linie U 6
Parken: in den umliegenden Straßen

Unterwegs entdeckt:

1 Kronsberg
2 Kronsrode
3 Expo-Park
4 Exponale
5 Holländischer Pavillon
6 Gärten im Wandel
7 Expo-Park Süd

Essen + Trinken:

Im **Café Emma** auf der Expo Plaza gibt es alles, was man für eine Pause braucht: Hier gibt es neben Kaffee und anderen Getränken auch eine Auswahl an kleinen Snacks sowie hausgemachten Kuchen (Expo Plaza 10 B, 30539 Hannover, 05 11/ 5 90 36 68 3).

Salat mit Ziegenkäse, Rinderfilet, Pasta mit Sommertrüffel – Fans der gehobenen Küche kommen im **Restaurant Funky Kitchen** voll auf ihre Kosten. Hier kommen von Dienstag bis Freitag und am Samstagabend nur die feinsten Zutaten auf den Tisch. Für das passende Ambiente mit Lounge-Atmosphäre sorgen die sanfte Musik und die großzügige Außenterrasse (Boulevard der EU 8, 30539 Hannover (Expo-Park), Tel. 05 11/2 77 66 96, www.funky-kitchen.de).

Auf den Spuren der Expo

Mehr als 20 Jahre liegt die Expo in Hannover schon zurück. Ein Megaereignis, das bis heute seine Spuren in der Stadt hinterlassen hat. Eine Entdeckungstour.

Unser Spaziergang startet an der **U-Bahn-Haltestelle Kronsberg** – und damit mitten in dem gleichnamigen Quartier im Stadtteil Bemerode. Die Entstehung der Kronsbergsiedlung hängt unmittelbar mit der Expo 2000 in Hannover zusammen, vielleicht hätte es sie ohne die Expo nie gegeben. Wir laufen auf dem **Oheriedentrift** nach Nordosten Richtung **Thie,** dem zentralen Stadtteilplatz am Kronsberg, biegen rechts ab und folgen dem Weg, bis wir vor dem Stadtteilzentrum **KroKuS** stehen. Der Name steht für Kronsberger Kultur und Soziales, das Zentrum wurde einen Monat vor Eröffnung der Expo eingeweiht. Hier befinden wir uns mitten im Wohngebiet **Kronsberg 1,** das extra für die Expo entwickelt wurde. „Mensch – Natur – Technik", so lautete das damalige Motto der Weltausstellung, die vom 1. Juni bis zum 31. Oktober 2000 in Hannover stattfand. Wussten Sie, dass die Expo hier beinahe gar nicht stattgefunden hätte? Damals herrschte absolute Wohnungsnot und die Hannoveraner hatten Bedenken, dass die Expo die Mieten weiter in die Höhe treiben könnte. Letztlich entschieden sie sich aufgrund der geplanten Neubausiedlung am Kronsberg aber doch dafür, verbunden mit der Hoffnung, dass das Gebiet den hiesigen Wohnungsmarkt

Stadtteilzentrum Kronsberg

Natur am Rande von Kronsrod

sogar entlasten würde. Von den rund 3000 Wohnungen war ein Drittel zunächst für die Mitarbeiter der Expo bestimmt. Die Planer setzten damals auf eine flächensparende, dichte Bauweise, viele Vorgärten und eine klare Architektur, was den städtischen Charakter unterstreicht. Neben der Entspannung am Wohnungsmarkt verfolgte die Stadt mit dem Neubaugebiet noch ein weiteres Ziel: einen umfassenden Beitrag für nachhaltige Stadtentwicklung und zukunftsweisendes Planen und Bauen zu leisten. Dazu gehörte, dass Häuser der Siedlung als Niedrigenergiehäuser konzipiert waren. Die ganze Gegend ist durch mehr als 1000 Straßenbäume, zwei Parks und den Kronsberg selbst, der mittlerweile ein echtes Naherholungsgebiet ist, wunderbar grün geworden. Der an-

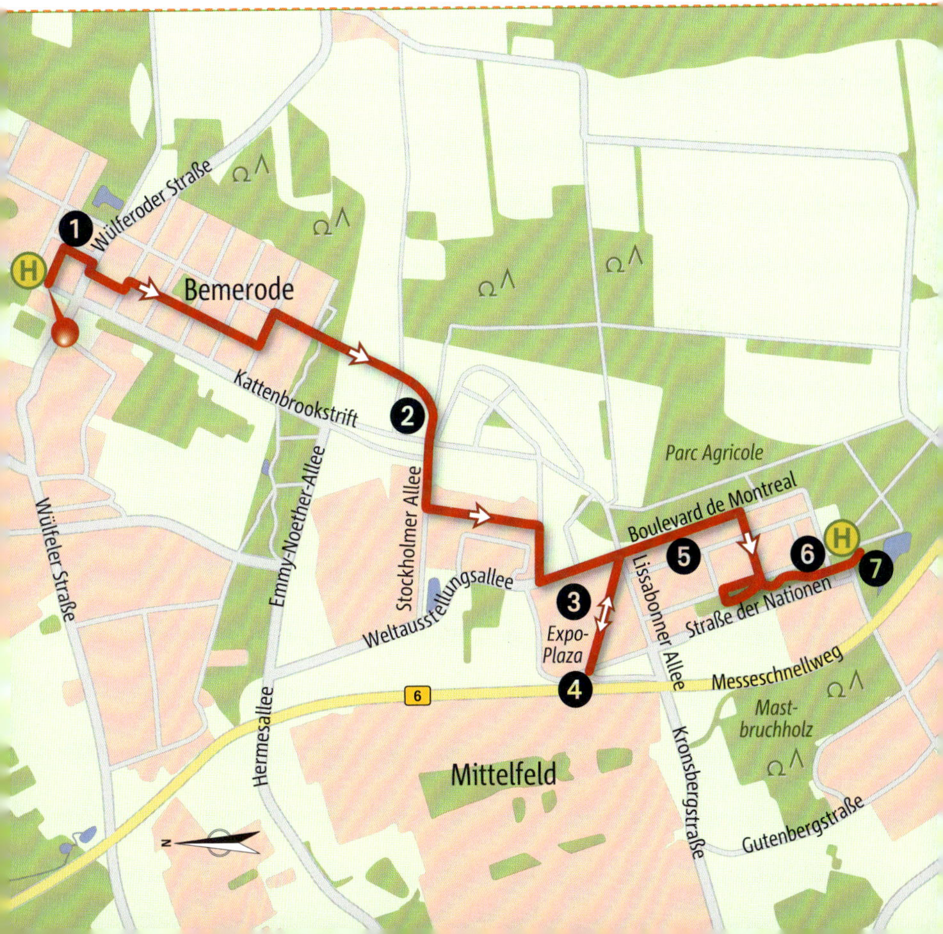

grenzende Landschaftsraum Kronsberg, der bis dato nur aus Ackerflächen bestand, wurde mit einem Kammwald, Wiesen, Gehölzen und vielen heimischen Pflanzen abwechslungsreich gestaltet. Schon damals hat man langfristig gedacht: Die Zahl der Einwohner sollte perspektivisch auf 15.000 steigen und die dazugehörige Infrastruktur der Entwicklung weiterer Gewerbegebiete im Messebereich dienen. So sind seit damals im Wohngebiet Kronsberg-Süd mehr als 3000 weitere Wohneinheiten entstanden, mit dem neuen Stadtteil **Kronsrode** entsteht am Rande des Kronsbergs derzeit ein neuer Stadtteil. Der erste Bauabschnitt begann im April 2021. Insgesamt sollen 3500 bis 4000 Wohneinheiten unter dem Motto „Draußen in der Stadt" in drei eigenständigen Quartieren von verschiedenen Bauträgern entstehen.

Auf dem Weg zu unserem nächsten Ziel wollen wir das Gebiet noch etwas besser kennenlernen. Vom Stadtteilzentrum aus laufen wir nach rechts auf die **Wülferoder Straße** zu, überqueren sie und folgen dann dem **Lütkenkamp.** An der nächsten Kreuzung biegen wir links in den **Johanneskamp** ein und dann direkt rechts in den **Papenkamp.** Wir folgen der Straße bis zu ihrem Ende, um dort links in den Fun-

Baustelle Kronsrode

kenkamp einzubiegen, wir folgen ihm bis zur **Marion-Donovan-Straße,** die wir überqueren, um geradeaus der **Steinworth** zu folgen. Von hier aus hat man einen guten Blick auf den zurzeit noch in seiner Entstehung befindlichen neuen Stadtteil **Kronsrode 2,** der die Fortsetzung dessen ist, was vor 20 Jahren für die Expo mit dem Wohngebiet am Kronsberg begann. Unter dem Motto „Städtisches Wohnen im Grünen" entstehen hier auf einer Fläche von 53 Hektar rund 3500 Wohneinheiten. Kronsrode stellt sich als moderner, nachhaltiger und grüner Stadtteil in Hannover auf – mit guter Infrastruktur, Einkaufsmöglichkeiten, einer Grundschule und Kindertagesstätten sowie mit einer schnellen Anbindung an den öffentlichen Nah- und Fernverkehr. Nicht zuletzt sollen Parks oder Cafés genügend Raum für Freizeitaktivitäten bieten. Als derzeit größtes Neubauprojekt Niedersachsens wird das neue Wohngebiet aus den drei unabhängig voneinander gestalteten Quartieren Nord, Mitte und Süd bestehen. Mit dem Einzug der ersten Mieter ist Ende 2022/Anfang 2023 zur rechnen.

Ehemaliger deutscher Pavillon

Wir folgen dem Verlauf der **Steinworth** bis zur **Christine-Hardt-Straße,** biegen rechts in sie ein und überqueren den **Kattenbrookstift,** um auf die **Stockholmer Allee** zu gelangen. Ihr folgend, geht es an der ersten Kreuzung links weiter auf der **Brüsseler Straße** bis zur **Mailänder Straße,** dort biegen wir rechts ab und dann links auf die **Weltausstellungsallee.** Sind wir schließlich bei der Brücke auf Höhe der Haus-

Schild an der Exponale

Auf der Plaza finden heute Konzerte statt.

nummer 11 rechts abgebogen, befinden wir uns bald mitten im **Expo-Park 3,** dem ehemaligen Ostgelände der Expo – heute ein IT-, Medien- und Hightech-Gewerbepark mit integriertem Campus der **Hochschule Hannover,** der **Leibniz-Fachhochschule** und der **Multi Media Berufsbildenden Schule.** Vor uns liegt die Expo Plaza, der zentrale Platz auf dem Gelände der Weltausstellung, auf dem heute regelmäßig Open-Air-Konzerte stattfinden. Die Plaza wird begrenzt von der Veranstaltungshalle **ZAG-Arena** auf der rechten Seite und einem eindrucksvollen Glasbau auf der linken Seite, dem Gebäude des ehemals **Deutschen Pavillon.** Seine Gesamtfläche beträgt rund 17.000 Quadratmeter. Nach der Weltausstellung wurde der Pavillon als Veranstaltungsort genutzt. Im Jahr 2015 kaufte die Landeshauptstadt die Immobilie und brachte dort Geflüchtete unter. 2021 wurde das Gebäude schließlich an die Bene-Stiftung verkauft und soll künftig einen Mix aus Kunst, Kultur, Ausstellungen, Veranstaltungen, Arbeiten und Gastronomie beherbergen. Auf diesem Teil des ehemaligen Expo-Geländes herrscht heute durch seine Nachnutzung weiterhin ein reges Treiben.

Wir überqueren die **ExpoPlaza** in Richtung der Brücke **Exponale 4.** Sie wurde zur Expo fertiggestellt und war damals die längste Fußgängerbrücke Europas. Auf einer Länge von 127,5 Metern überspannt sie den Messeschnellweg und verbindet das Messegelände, auf dem unter anderem auch die Computermesse CeBIT und die Industriemesse veranstaltet werden, mit der Expo Plaza. Blickfang sind die in mehreren Reihen aufrecht stehenden, schlanken Stahlstelen auf der 30 Meter breiten Brücke, die sich mit Einbruch der Dunkelheit in leuchtende Stäbe verwandeln und selbst von Flugzeugen aus zu erkennen sind. Etwas poetischer beschreiben die Architekten ihren Exponale-Entwurf: „Die Markierung der Ein- und Übergänge benutzt die Metapher des Begrüßungsspaliers: Die hohen Stelen werden wie Mastenwälder durchschritten. Sie entmaterialisieren sich zu ihrer Spitze hin durch den 1,50 Meter langen, leuchtenden Glaszylinder. In der Dämmerung verwandeln sich die Stangenspaliere in Lichtspaliere aus Leuchtstelen. Bei den Brücken funktioniert der Mastenwald wie die Stangen von Pfahlbauten. Die Stangen tragen Stege, wie wir es von einladenden See-Stegen kennen; diese werden unversehens zu Brücken." Nach der Weltausstellung übernahm die Messe AG die Expo-Brücke. Da jedoch ein derart breiter Überweg zur Plaza und zum Skywalk für den regulären Messebetrieb nicht nötig war und in der Unterhaltung zu teuer gewesen wäre, wurde sie ab 2009 Stück für Stück zurückgebaut und ihr Mastenwald gelichtet. Die Exponale war ohnehin von Beginn an so konzipiert, dass ihre beiden äußeren jeweils 7,50 Meter breiten und mit Douglasien-Brettern belegten Brückensegmente einfach demontiert werden konnten. Übrig geblieben ist heute nur noch der mittlere, 15 Meter breite Betonstreifen und 100 von einst 174 Leuchtstelen in nun drei statt ehemals fünf Reihen. Für die Expo 2000 in Hannover wurden übrigens noch drei weitere Brücken in ähnlichem Stil gebaut. Nördlich der Exponale führt die Brücke Nordost (Länge 142,5 Meter, Breite 15 Meter) über den Messeschnellweg, südlich ist es die Brücke Süd (Länge 90 Meter, Breite 7,5 Meter). Eine weitere, 90 Meter lange und 15 Meter breite Brücke befindet sich an der Ostseite der Expo Plaza.

Exponale

Wir drehen nun um und queren die Expo Plaza erneut, um zu unserem nächsten Ziel zu gelangen. Dafür biegen wir hinter der **Leibniz-Fachhochschule** rechts auf die Weltausstellungsallee ab und folgen ihr bis zu dem auffälligen Gebäude auf der rechten Seite, dem ehemaligen **Holländischen Pavillon 5.** Mit seinen Landschaften verkörpernden übereinandergestapelten fünf Stockwerken war der Pavillon einer der meistbesuchten. Doch nach der Expo ist das Bauwerk nach und nach verfallen. Damit steht dieser Pavillon sinnbildlich für die schleppende Nachnutzung der Expo-Gebäude insgesamt. Die Stadt musste deswegen viel Kritik und Häme einstecken, denn vor der Weltausstellung hatte sie mit der lückenlosen weiteren Nutzung und der Nachhaltigkeit des ganzen Projekts geworben. Stattdessen verrotteten etliche Pavillons und die Stadt blieb auf erheblichen Kosten sitzen. Mittlerweile sieht die Situation wieder anders aus: Alle Grundstücke und Pavillons sind verkauft, der dänische Pavillon wurde aufwendig saniert und wird von einem Architek-

Kritik für die schleppende Nachnutzung der Expo-Bauten

Ehemaliger holländischer Pavillon

turbüro genutzt. Ein Investor aus Österreich plant mit den „Chicago Lane Office Suites" ein exklusives Business-Center für rund 30 Millionen Euro, ein Verlagsgebäude ist im Bau. Sorgenkind war lange Zeit ausgerechnet der niederländische Pavillon, das heimliche Wahrzeichen der Expo. Der Eigentümer musste auf Drängen des Bauamts nochmals seine Pläne ändern, bevor nach langem Warten Ende 2021 endlich die Sanierung begann. Ende 2023 soll der neue Komplex fertig sein. Rund 90 Millionen Euro will die Investorengruppe in den kommenden zwei Jahren in den Holländischen Pavillon investieren, in dem unter anderem 370 kleine Appartements für Studierende entstehen. Dazu muss der Pavillon inzwischen zunächst selbst saniert und teilweise neu errichtet werden.

Gärten im Wandel

Wir folgen der **Weltausstellungsallee,** bis es nach rechts in die **Avenida de Sevilla** geht. Ihr folgen wir bis zu den **Gärten im Wandel 6.** Auch sie wurden zur Weltausstellung neu angelegt und sind damit noch sehr jung und modern im Vergleich etwa zu den Herrenhäuser Gärten. Sie wurden von dem Berliner Landschaftsarchitekten Kamel Louafi gestaltet. Der Name der Anlage ist Programm, denn der Charakter dieses 50 Meter breiten und 750 Meter langen Gartenbandes ändert sich im Verlauf von Norden nach Süden: Im Norden herrschen dunkle Farben und geometrische Anordnungen vor, Richtung Süden werden die Farben heller und die Formen fließender. Im Weltausstellungsjahr waren die Gärten im Wandel ein beliebter und zentraler Ort für Ruhesuchende am Rande des Ausstellungsgeländes. Heute dienen die Anlagen

Expo-Park Süd

vor allem den Mitarbeitern der anliegenden Firmen und den Anwohnern am Kronsberg und in Laatzen als Naherholungsgebiete vor Ort. Die Gärten im Wandel sind täglich von 8 bis 19 Uhr geöffnet.

In südöstlicher Richtung treffen wir am Ende der Gärten im Wandel auf den **Sydney Garden.** Wir überqueren die Straße und erreichen damit die letzte Station auf unserer Liste: den **Expo-Park Süd 7.** An grünen Flächen mangelt es auf dem ehemaligen Expo-Gelände wahrlich nicht, aber dieser 20 Hektar große Park besticht noch einmal besonders durch seine landschaftliche Weite. Gleich am Eingang befindet sich hier auch der **Expo-Wal,** das offizielle Wahrzeichen der Expo 2000. Das markante und rundum verglaste Gebäude wird heute als Eventlocation genutzt. Eine weitere Besonderheit sind die Aussichtstürme, die sogenannten Himmelstürme. Jeder, der schon einmal über den Messeschnellweg gefahren ist, hat sie am Straßenrand stehen sehen. Und der Aufstieg über die wenigen Treppen lohnt sich: Von hier aus hat man einen schönen Ausblick über das Expo-Gelände.

Expo-Wal

Wir laufen zurück durch den Eingang des Parks und geradeaus auf die **Straße der Nationen** und sind damit schon am Ende des Spaziergangs. Denn hier fährt der Bus uns entweder Richtung U-Bahn-Haltestelle Messe/Ost oder in Richtung Laatzen.

10 AHLEM

Start/Ziel: U-Bahn-Station Ahlem, 30453 Hannover (GPS 52.377020, 9.664245)
Länge: ca. 6 Kilometer
Dauer: ca. 2,5–3 Stunden
ÖPNV: Haltestelle Ahlem, U-Bahn-Linie U 10
Parken: In den umliegenden Straßen gibt es Parkplätze

Unterwegs entdeckt:

1 Gedenkstätte Ahlem
2 Continental
3 Rosebusch Verlassenschaften
4 Willy-Spahn-Park
5 Ahlemer Turm
6 Mahnmal KZ-Außenstelle Ahlem

Essen + Trinken:

Griechische Spezialitäten mit dem urigen Charme eines Fachwerkhauses verbinden sich im **Restaurant Lukullus.** Im großen Biergarten oder im denkmalgeschützten Fachwerkhaus kann man zwischen leckeren Grillgerichten sowie Fisch- und Lammspezialitäten wählen, für Vegetarier gibt es Nudeln und verschiedene Gemüsepfannen (Wunstorfer Landstraße 47, 30453 Hannover, Tel. 05 11/48 24 71, www.lukullus-hannover.de).

Klein, aber fein ist das Motto beim **Café Das kleine Ding** – das Café ist so richtig schön schnuckelig. Zur Auswahl ist eine Menge im Angebot: Neben Kaffee, Eis und Kuchen gibt es auch warme Speisen (Wunstorfer Landstraße 51, 30453 Hannover, Tel. 05 11/65 39 75 60, www.facebook.com/daskleineDingHannover/).

Überbleibsel vergangener Zeiten

Der beschauliche Stadtteil Ahlem im Nordwesten Hannovers hat viele Gesichter – und so auch seine Geschichte. In dem ehemaligen Dorf erfährt man viel über die dunkle NS-Vergangenheit, wie die ersten Autoreifen produziert wurden und über die Entwicklung einer revolutionären Technik im Kalkabbau. Außerdem entdecken wir, wie man aus Relikten der Vergangenheit etwas Schönes machen kann und was Mönche in Ahlem verloren haben. Eins steht fest: Langeweile kann hier nicht aufkommen.

Wir sind an der **U-Bahn-Station Ahlem** im Nordwesten Hannovers ausgestiegen. Der gleichnamige Stadtteil gehört zum Stadtbezirk Ahlem-Badenstedt-Davenstedt. Hier leben etwa 11.000 Menschen. Ahlem gehört seit 1974 zu Hannover, davor war es eine selbstständige Gemeinde. Von der Haltestelle aus laufen wir die **Heisterbergallee** in Richtung Osten und biegen dann nach links ab, um zur **Gedenkstätte Ahlem** **1** zu gelangen. Hier hat der jüdische Bankier Moritz Simon im Jahr 1893 die Israelitische Gartenbauschule Ahlem gegründet. Simon – selbst begeisterter Hobbygärtner – wollte in seiner „Israelitischen Erziehungsanstalt", so der Name der Schule, jüdische Jugendliche im Gartenbau und anderen handwerklichen Berufen ausbilden. Dahinter stand sein Wunsch, sozial schwache jüdische Familien zu unterstützen. Die Zöglinge, wie die Schüler damals genannt wurden, konnten Bäcker, Schlosser, Tischler, Schuster oder eben Gärtner werden.

Gedenktafeln

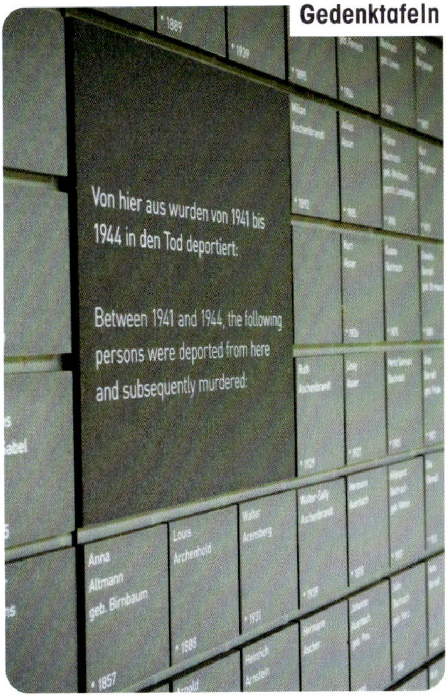

Gedenkstätte Ahlem

Neben einer Volksschule bis zur 8. Klasse gab es damals getrennte Ausbildungsbereiche für Mädchen und Jungen. Simons Idee stieß auf Anklang und die Schule erlangte internationalen Ruf. Nach der Machtübernahme der Nationalsozialisten im Jahr 1933 stellte die Schule aber ihre Politik um. Von nun an fokussierte sie sich auf die Vorbereitung junger Juden auf ihre Auswanderung. Das sicherte das Fortbestehen der Schule, bis sie im Herbst 1941 zur zentralen Sammelstelle für die Deportation der Juden aus Hannover erklärt wurde. Im Juni 1942 mussten alle jüdischen Schulen den Unterricht einstellen. Heute ist im zweiten Stock der Gedenkstätte die Dauerausstellung zur Geschichte der Gartenbauschule untergebracht. Im ersten Stock widmet sich eine zweite Dauerausstellung der Verfolgung und Ausgrenzung von Juden während des Nationalsozialismus in Ahlem. Nachdem die Gartenbauschule zur Deportationsstelle umfunktioniert wurde, wurden in den folgenden Jahren bis zum Januar 1944 insgesamt mehr als 2000 Juden deportiert. Sie wurden von Ahlem über den Bahnhof Fischerhof in die Zielgebiete Riga, Warschau oder Auschwitz gebracht. Ab Oktober 1943 wurde das Direktorenhaus der Gartenbauschule von der Gestapo Hannover für die – oft gewaltvolle – Beaufsichtigung von Zwangsarbeitern genutzt. Das Haupthaus der Gartenbauschule wurde im Juli 1944 ein Polizei-Ersatzgefängnis. Gegen Ende des Krieges wurde in der ehemaligen Laubhütte eine Hinrichtungsstätte eingerichtet, in der mehr als 50 Opfer ihr Leben lassen mussten. Links neben dem Gebäude der Gedenkstätte – eingerahmt von Pflanzen und erreichbar über einen gepflasterten Weg – befindet sich die Wand mit den Namen der Opfer. Genau hier stand die ehemalige Laubhütte. Aus jener Zeit übrig geblieben sind nur noch die alten Bäume. Auf über 3000 Tafeln sind hier Menschen mit ihren Lebensdaten verewigt, für die Ahlem eine Station in den Tod war.

Wir laufen zurück auf die **Heisterbergallee** und biegen nach links ab, um ihr weiter Richtung Osten zu folgen. Hinter der U-Bahn-Haltestelle biegen wir nach links in die **Carlo-Schmid-Allee** ab. Wir folgen ihr bis zum Ende und biegen dann nach rechts auf die **Wunstorfer Landstraße** ab, die uns

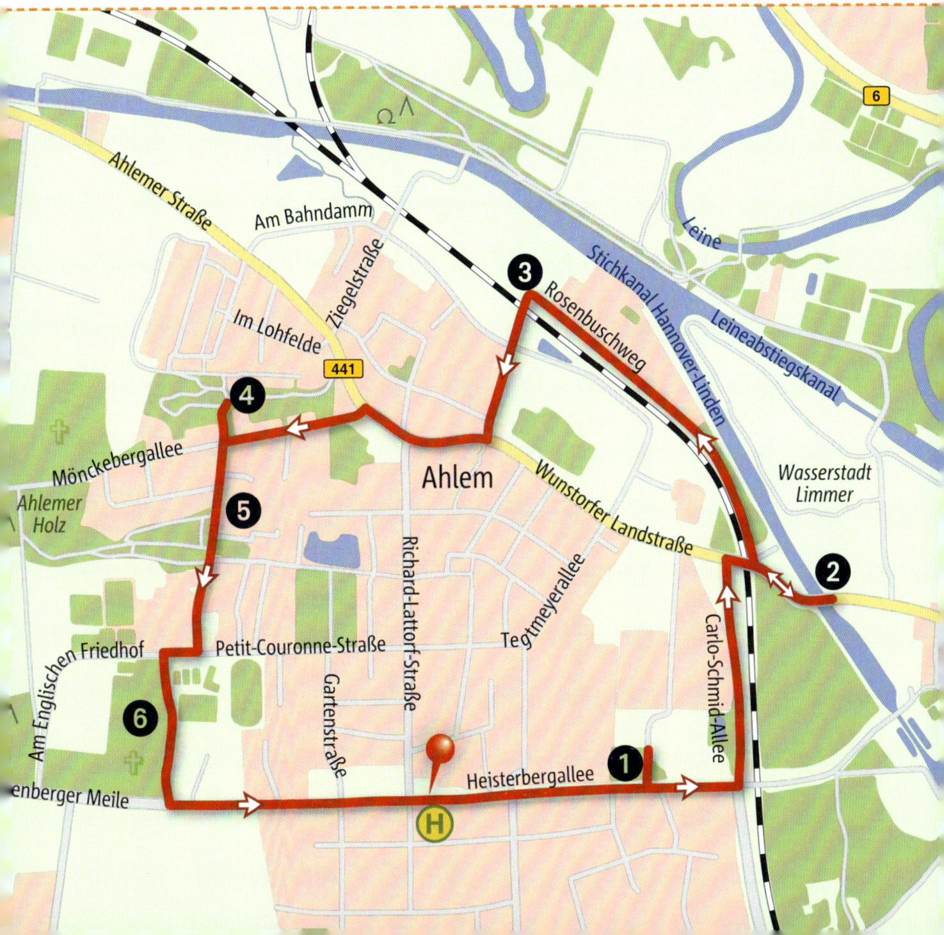

Ehemaliges Contigelän

zum **Stichkanal Linden-Limmer** führt. Wir laufen noch ein Stück vor auf die große Brücke und bleiben stehen, wenn der Blick auf die gegenüberliegende Seite am besten ist. Wo noch die Überreste in Form von alten Gebäuden zu sehen sind, war fast 100 Jahre lang die Produktionsstätte von **Continental** 2 – und damit ein wichtiger Standort der Gummiindustrie. 1899 kauft die damalige Gummi Kamm Compagnie das 60.000 Quadratmeter große Gelände an der Wunstorfer Straße und wird zu den Hannoverschen Gummiwerken Excelsior. Zu diesem Zeitpunkt hat das Unternehmen 850 Mitarbeiter und produziert vor allem chirurgische Bedarfsartikel, Spielzeug und Isoliermaterial. Im Jahr 1890 wurden hier die ersten Reifen hergestellt. Angefangen hat alles im Jahr 1857, als Unternehmer Johann Louis Martiny damit beginnt, seine Kämme statt aus Horn aus Hartgummi herzustellen. Mit dem Kamm aus Gummi entdeckt er dieses Material für sich und gründet fünf Jahre später die Hannoversche Gummikammfabrik, die unter anderem auch Pfeifenmundstücke herstellt. 14 Jahre nach Gründung der Gummikammfabrik ersteigert Moritz Magnus, Teilhaber eines Bankhauses, das Grundstück einer stillgelegten Gummifabrik in Vahrenwald. Gemeinsam mit Martiny gründet er die Continental-Caoutchouc-und Gutta-Percha-Compagnie. Hier kommt zum ersten Mal der Name Continental ins Spiel. Zunächst bestehen beide Firmen unabhängig voneinander bis nach Ende des Ersten Weltkriegs: Das Unternehmen Excelsior mit seinen 6000 Mitarbeitern steht vor dem Aus. Ab 1928 gehört die Firma zu Continental. 1988 wird der Produktionsbereich Profile nach Vahrenwald verlegt, da immer mehr Reifen in Niedriglohnländern hergestellt werden. Schritt für Schritt verschwinden weitere Produktionsbereiche aus Limmer – die Produktion vor Ort ist einfach zu teuer. 1999 folgt dann der endgültige Abschied von der Produktionsstätte an der Wunstorfer Straße. Heute zählt Continental zu den größten Reifenherstellern der Welt. Neben mehreren Standorten in Hannover und Umgebung unterhält Conti mehrere Hundert Standorte weltweit.

Mit einem Kamm aus Gummi begann Continentals Geschichte.

Wir laufen von der Brücke herunter in die Richtung, aus der wir gekommen sind, und nutzen die erste Möglichkeit, um rechts in den **Rosenbuschweg** abzubiegen. Ihm folgen wir, bis er eine Linkskurve macht, und begeben uns auf das auf der rechten Seite liegende Werksgelände zwischen den Gleisen und dem Kanal. Im hinteren Bereich des Areals liegen die **Rosebusch Verlassenschaften 3.** Hier versinnbildlicht ein Kunstprojekt das Motto dieses Stadtspaziergangs: Überbleibsel aus vergangenen Zeiten. Hier stapeln sich Eisen- und Gummiteile über Matten, auf Pritschen liegen Behälter. Massen von Riemen, Tauen, Schuhen, Namenslisten und Gemälden. Sieht auf den ersten Blick nach Chaos aus, doch das Material liegt nicht ohne Grund so dort. Seit 1997 sammelt sich hier das Lebenswerk von Hans Breuste und Almut Breuste, die die Verlassenschaften heute weiterführt – in der Turbinenhalle, auf dem Außengelände und in Überseecontainern. Das gebrauchte, abgenutzte, teilweise verdreckte Material wurde künstlerisch zusammengestellt, ein Denkraum für Erinnerung und Bewahrung, der unterschiedliche Assoziationen zulässt. Wer einen Blick in die Halle und die Container werfen will, muss während der Öffnungszeiten kommen: jeden 1. Freitag und Samstag im Monat von 15 bis 19 Uhr – außer im Dezember, Januar und Februar.

Rosebusch Verlassenschaften

Wir gehen wieder zurück auf den **Rosenbuschweg,** biegen rechts auf die **Wunstorfer Landstraße,** dann links in die **Mönckebergallee** bis zum Eingang in den **Willy-Spahn-Park 4,** der sich auf Höhe der Kreuzung zur Straße Am Ahlemer Turm befindet. Von hier aus führt ein Weg direkt auf das Herzstück des Parks zu – den restaurierten Kalkofen. Der Ringofen gehörte zum ehemaligen Ahlemer Kalkbruch, der vor rund 80 Jahren seine Arbeit beendete. Der Ofen steht unter

DER WILLY-SPAHN-PARK
VON DER MERGELGRUBE – ZUR OBSTPLANTA – ZUM ÖFFENTLICHEN PARK

Kalkbrennofen

Obstbäume

Denkmalschutz, denn er ist der einzige erhaltene Kalkbrennofen seiner Zeit in der Region und gleichzeitig ein Revolutionär der Brennofentechnologie: Der 1925 gebaute Ofen funktioniert nach dem Ringofenprinzip – durch den in sich geschlossenen Brennkanal konnte seinerzeit nicht nur viel Energie eingespart, sondern der Brennvorgang auch verbessert werden. So konnte der Ofen ständig in Betrieb bleiben, und das war er auch: Bis zu 30 Menschen waren Tag und Nacht damit beschäftigt, den Ofen mit neuem Rohgestein in Gang zu halten. Die Gase traten über den 40 Meter hohen Schornstein aus, von dem heute noch 34 Meter erhalten sind. Der durch den Kalkabbau entstandene Branntkalk diente als Düngemittel oder wurde unter Beimischung von Sand und Wasser zu Mörtel weiterverarbeitet. Neben dem Ofen erinnert noch ein weiteres Relikt an die industrielle Nutzung des Geländes: An der Westseite des Parks gibt es eine rund 8 Meter hohe Abbruchkante. Die Steinbruchwand stammt noch aus der Zeit des Abbaus und gibt den Blick frei auf ein geologisches Profil mit gut erkennbaren hellen Kalksteinlagen. Nach Ende des Kalkabbaus kauften Willy und Emilie Spahn das Grundstück und nutzten es für ihre Obstplantage. Auch davon ist heute noch etwas übrig geblieben: Zwar waren die Obstbäume der Spahns großteils stark überaltert, aber es wurden neue gepflanzt. Und so kann man im Park Äpfel, Birnen, Süß- und Sauerkirschen, Johannisbeeren, Holunder, Haselnuss, Walnuss und Brombeeren pflücken und direkt essen. Die Apfelwiese befindet sich hinter dem Kalkofen, die Kirschwiese direkt am Haupteingang. Rund um den Weg in Richtung Wunstorfer Landstraße befindet sich die Obstbaumallee. Den Willy-Spahn-Park gibt es erst seit 2004, nachdem das Grundstück der Stadt 1996 von den Eigentümern mit der Auflage vererbt wurde, hier einen öffentlichen Park anzulegen.

Wir bewegen uns nun wieder zurück in Richtung Haupteingang und verlassen den Willy-Spahn-Park, um auf die Straße **Am Ahlemer Turm** zu gelangen. Wir folgen ihr, bis der **Ahlemer Turm 5** auf der linken Seite zu sehen ist – ein großes gelbes Haus im Fachwerkstil. Seit 1897 steht das Gebäude schon hier. Gebaut hat es der Architekt Alfred Sasse. Die Bauweise des Ahlemer Turmes ist einmalig: Der untere Teil besteht aus rotem Backstein, darauf ist Fachwerk mit hellgelbem Putz gesetzt. Verwinkelte Dächer und das Türmchen runden das märchenhafte Erscheinungsbild ab. Im Zeitalter der Industrialisierung war so ein Haus ein Zentrum des sozialen Lebens – passend also, dass der Ahlemer Turm ursprünglich als Ausflugslokal erbaut wurde. Sein großer Tanzsaal und der Kaffeegarten lockten jeden Sonntag viele Gäste nach Ahlem, auch aus Hannover und Linden. In dieser Zeit veränderte sich in Ahlem und dem benachbarten Limmer ohnehin viel – aus der ehemals dörflichen Idylle wurde ein Arbeiterwohnort. 1895 lebten in Ahlem 448 Menschen. Im benachbarten Limmer hatte sich durch das Gummiwerk die Zahl der

Ahlemer Turm

noch 400 Einwohner im Jahr 1825 innerhalb von 60 Jahren fast vervierfacht. Neben dem Mergelabbau und der Kalkbrennerei lockten vor allem die Asphaltgruben in der Leineaue weitere Arbeiter an. Bei der großen Nachfrage nach Straßen und Wohnraum war der Asphalt genauso gefragt wie der Ziegel aus den Ziegeleien, die jetzt entstanden. Und mit den vielen Arbeitern wuchs auch der Bedarf nach einem Ort zum Tanzen, der der Ahlener Turm viele Jahre lang war. Nach dem Zweiten Weltkrieg zogen Hilfsorganisationen und Behörden ein – darunter die Autobahnpolizei in der Zeit von 1963 bis 1988. Seit 1985 steht das restaurierte Gebäude unter Denkmalschutz. Seit 2007 ist der Ahlemer Turm ein Tempel für buddhistische Mönche aus Thailand. Der Wat Dhammavihara Buddhisten-Verein Hannover wurde schon 2003 in Misburg gegründet. Als der Verein größer wurde, zog die Glaubensgemeinschaft nach Ahlem um – wo sie bis heute ansässig ist. Der Verein lädt regelmäßig zu Führungen, Meditationen und diversen Festen ein.

Symbol für den Stollen

Wir biegen nun links auf die Straße **Am Ahlemer Turm** ab, laufen weiter auf der **Am Ahlemer Holz** und biegen dann rechts auf die **Petit-Couronne-Straße,** um direkt wieder nach links zu schwenken und auf dem Weg direkt hinter dem **Englischen Friedhof** bis zum **Mahnmal der KZ-Außenstelle Ahlem 6** zu gehen. Das KZ Ahlem war in der Zeit von November 1944 bis April 1945 eine Außenstelle des Konzentrationslagers

Neuengamme in Hamburg. Die rund 1000 Häftlinge wurden beim Bau eines unterirdischen Stollens zur Verlagerung der Continental-Gummiwerke und der Maschinenfabrik Niedersachsen Hannover eingesetzt. Zur Produktion in den Stollen kam es allerdings nie. Die schwere Arbeit und die Arbeitsbedingungen unter Tage forderten viele Todesopfer. Im Januar 1945 erreichte ein Transport überwiegend sowjetischer Gefangener aus dem Stammlager Neuengamme das Außenlager Ahlem. Diese Häftlinge sollten die bereits verstorbenen oder zu schwachen Gefangenen ersetzen. Auf der Flucht vor den Amerikanern zwang die SS am 6. April 1945 die meisten Gefangenen auf einen Todesmarsch nach Bergen-Belsen, den die größte Zahl der Häftlinge nicht überlebte. Etwa 200 Menschen blieben zurück, die die amerikanischen Soldaten am 10. April 1945 in erbärmlichem Zustand vorfanden. Das daran erinnernde Mahnmal ist ein gemeinsames Projekt der Stadt Hannover mit dem Arbeitskreis „Bürger gestalten ein Mahnmal". Es wurde im Februar 1994 eingeweiht und symbolisiert den Eingang zum Stollen. Die beiden Seitenwände sind mit zahlreichen Asphalttafeln, die von Mitgliedern des Arbeitskreises und engagierten Hannoveranern gestaltet wurden, versehen. 2001 wurde es um die zwei Kupferstelen mit 299 Namen von Opfern des KZ Ahlem erweitert.

Aus der dörflichen Idylle wurde ein Arbeiterwohnort.

Ahlem

Wir laufen den Weg weiter, auf dem wir gekommen sind. Er führt uns direkt auf die **Heisterbergallee.** Hier biegen wir links ab und folgen ihr bis zur **U-Bahn-Station Ahlem.**

11 HERRENHAUSEN

Start/Ziel: U-Bahn-Station Herrenhäuser Gärten, 30419 Hannover (GPS 52.391616, 9.699529)
Länge: ca. 4 Kilometer
Dauer: ca. 1,5–2 Stunden
ÖPNV: Haltestelle Herrenhäuser Gärten, U-Bahn-Linien U 4 und U 5
Parken: kostenpflichtige Parkplätze gibt es direkt bei den Herrenhäuser Gärten, kostenfrei kann man in den umliegenden Straßen parken

Unterwegs entdeckt:

1 Schloss Herrenhausen
2 Pagenhaus
3 Bauspännerstall
4 Hardenbergsches Haus
5 Fürstenhaus
6 Architektenviertel
7 Herrenhäuser Kirche
8 Herrenhäuser Markt
9 Brinksitzerhaus

Essen + Trinken:

Die **Lieblingsbar** hat großes Potenzial, ihrem Namen gerecht zu werden: Draußen wie drinnen herrscht hier eine heimelige und entspannte Atmosphäre. Die wird gekrönt von frischen und regionalen Speisen wie Burger, belegten Broten und anderen Lieblingsgerichten. Aber auch Kaffee und Eis oder beides in einem kann man hier genießen (Herrenhäuser Markt 5, 30419 Hannover, Tel. 05 11/76 80 91 26, https://lieblingsbar.de).

Im **Spätzlehaus** kommen Spätzle-Fans voll auf ihre Kosten: Das Angebot reicht von Käsespätzle und Tomatenspätzle über Lauchspätzle bis hin zu Kräuterspätzle. Dazu gibt es Verschiedenes wie Fisch und Fleisch. Auch die Suppen und Nachtische sind zu empfehlen. Bei schönem Wetter lädt der idyllische Biergarten zum Verweilen ein. Geöffnet ist dienstags bis sonntags ab 17 Uhr (Hegebläch 33, 30419 Hannover, Tel. 05 11/79 54 33, https://www.spaetzlehaus.de).

Abseits der Herrenhäuser Gärten

Jeder denkt bei Herrenhausen zuerst an die Herrenhäuser Gärten, doch auch abseits der berühmten Sehenswürdigkeit gibt es in dem namensgebenden Stadtteil einiges zu entdecken: prunkvolle Bauten aus dem 18. Jahrhundert, windschiefe Bauernhäuser und den Herrenhäuser Markt, so lernen wir die ganze Vielfalt des Stadtteils kennen.

Von der **U-Bahn-Haltestelle Herrenhäuser Gärten** kreuzen wir die Straße, um direkt auf die **Herrenhäuser Gärten** zuzugehen. Wir folgen der **Herrenhäuser Straße,** bis wir auf der linken Seite durch das Gemäuer schauen können. Das **Schloss Herrenhausen 1** entstand im 17. Jahrhundert durch den Umbau eines Gutshofs. Wurde bis dato noch die Residenzstadt Hannover von hier aus mit landwirtschaftlichen Produkten versorgt, folgte ab 1674 der Aus- und Umbau zu einer Sommerresidenz. Charakteristisch für das Herrenhäuser Schloss ist die Dreiflügelanlage, die sich zum Großen Garten öffnet. Der Große Garten ist einer der bedeutendsten Barockgärten in ganz Europa. Ursprünglich im Barockstil erbaut, wurde das Schloss 1819 vom damaligen Hofbaumeister Georg Ludwig Friedrich Laves im klassizistischen Stil umgestaltet. Damals war es der Sommersitz der Welfenfamilie und wichtigster Bezugs- und Ausgangspunkt für die Planung und Gestaltung des Großen Gartens. Doch während des Zweiten Weltkriegs wurde das Hauptgebäude des Schlosses komplett zerstört. Übrig blieben nur die Grotte, die Große Kaskade und die Freitreppe. 70 Jahre lang fehlte dem Herrenhäuser Ensemble dadurch das zentrale Element: das Schloss. Seit 2013 füllt ein Nachbau des historischen Schlosses diese Lücke – er wurde exakt an der Stelle errichtet, an der das zerstörte Original gestanden hatte. Mit Unterstützung der Volkswagenstiftung wurde dabei auch die Fassade von Laves rekonstruiert. Heute ist das Schloss ein modernes Tagungszentrum und Museum, es erinnert aber aufgrund seines Stils an eine glanzvolle Architekturepoche.

Das Schloss steht für eine glanzvolle Architekturepoche.

Schloss Herrenhausen

Wir folgen der **Herrenhäuser Straße** weiter, bis wir links in die **Alte Herrenhäuser Straße** abbiegen können. Die Alte Herrenhäuser Straße war früher die eigentliche Herrenhäuser Straße, also jene Straße, die Hannover mit Nienburg verband. Erst als der große Garten in der Zeit des Nationalsozialismus umgestaltet wurde, hat man die alte Kopfsteinpflasterstraße vom Verkehr getrennt. Sie sollte nur noch von den Kutschen oder Autos genutzt werden, die zum Schloss wollten. Das **Pagenhaus 2** mit den Hausnummern 6, 6A, 6B und 6C ist der älteste Teil des denkmalgeschützten Gebäudeensembles. Es wurde Anfang des 18. Jahrhunderts hauptsächlich für die Pagen des Kurfürstlich Hannoverschen Hofstaates errichtet, aber auch von anderen Bediensteten bewohnt. Heute wird

Pagenhaus

Bauspännerstall

der lang gestreckte Fachwerkbau als Wohnhaus genutzt. Wenige Jahre nach der Erhebung zum Kurfürstentum beauftragte der hannoversche Landesherr den Barock-Baumeister Louis Remy del Fosse, auf dem Gelände von vier ehemaligen Hofstellen die Pagenhäuser zu errichten. Dabei entstanden in den Jahren 1707 bis 1708 Fachwerkgebäude mit den ersten aufgesetzten Mansarddächern in Hannover. Charakteristisch für diese Dachform sind die abgeknickten Dachflächen im unteren Bereich, wodurch die untere Dachfläche über eine wesentlich steilere Neigung verfügt als die obere. Der offene Turm auf dem Dach, ein sogenannter Dachreiter, wurde jedoch erst 1792 ergänzt.

Unser nächstes Ziel auf diesem Spaziergang befindet sich in direkter Nachbarschaft: Etwas nach hinten versetzt liegt gleich neben dem **Pagenhaus** das Fachwerkhaus mit der Nummer 8, der **Bauspännerstall** **3.** In dem ehemaligen Stallgebäude wohnten seinerzeit die Bediensteten des Gestüts Herrenhausen, deshalb wurde es auch Bedientenwohnhaus genannt. Das 1844 gegründete Gestüt Herrenhausen erlangte Berühmtheit durch die Zucht der Weißgeborenen Herrenhausener. Die Schimmel wurden vor allem als Kutschpferde für den Hof des Landesfürsten gezüchtet. Heute dient der ehemalige Bauspännerstall als Wohnhaus und bildet die Mitte der denkmalgeschützten Baugruppe. Es ist etwas schlichter gestaltet als seine beiden Nachbarn, doch eint sie alle das charakteristische Gelb. Vor der Zeit dieser Gebäude für den Adel und die Bediensteten standen hier einfache Bauernhäuser, sogenannte Brinksitzer Häuser. Brinksitzer waren die Bauern, die am Rande der Dörfer siedelten und meist schlechter gestellt waren als die Bauern des Dorfes.

Das Herrenhäuser Trio komplettiert das **Hardenbergsche Haus** 4 mit der Hausnummer 10, das deutlich prunkvoller daherkommt als das Pagenhaus und der Bauspännerstall. Kein Wunder, denn beim Hardenbergschen Haus handelt es sich um eine Villa, die von einigen internationalen Persönlichkeiten bewohnt wurde. Gebaut wurde sie 1750 vom Leiter des Hofbau- und Gartenwesens, Friedrich Karl von Hardenberg. Nach seinem Tod ging das Haus in den Besitz der Krone über und erlebte danach ziemlich lange turbulente Zeiten: 1803 bezog der französische General Mortier hier Quartier, 1804 folgte ihm Jean-Baptiste Bernadotte, der Marschall Napoleons und spätere König von Schweden und Norwegen. Von 1866 bis 1937 nutzten die Welfen das Gebäude als Familienmuseum, 1937 kaufte es die Stadt Hannover zusammen mit den Herrenhäuser Gärten. Die darauffolgende Instandsetzung machte der Zweite Weltkrieg größtenteils zunichte. In den folgenden Jahren wurde das Hardenbergsche Haus vor allem als Heimatmuseum genutzt, bis es 1998 die Sparkassen-Finanzgruppe übernahm. Das Barock-Gebäude wurde im Jahr 2000 aufwendig restauriert, seitdem wird es als Gästehaus und für spezielle Feierlichkeiten und Tagungen genutzt.

Hardenbergsches Haus

Wir kreuzen die Straße **Am Großen Garten,** um auf der **Alten Herrenhäuser Straße** zu bleiben. Etwas abseits der

Fürstenhaus

anderen drei Gebäude steht hier das **Fürstenhaus** 5, ein Palais im Besitz der Welfenfamilie. Das denkmalgeschützte Palais wurde lange Zeit als Museum genutzt und auch für Veranstaltungen gebucht. Besucher erhielten Einblick in die wertvolle Ausstattung des Hauses – von Möbeln über Gemälde bis hin zu Porzellan und Skulpturen. Mittlerweile ist es für die Öffentlichkeit geschlossen und dient dem welfischen Erbprinzen Ernst August als privater Wohnsitz. Der Erbprinz ist der ältere der beiden Söhne von Prinz Ernst August. Das Palais wurde 1721 im Auftrag von König Georg I. für seine außereheliche Tochter Louise von Delitz errichtet. Das sogenannte Delitzsche Palais wechselte in den folgenden Jahrzehnten mehrfach den Besitzer und wurde von verschiedenen Adelsfamilien ge-

Das Fürstenhaus ist das prunkvollste Haus der Straße.

Alte Herrenhäuser Straße

nutzt. 1864/65 ließ der hannoversche König Georg V. das Gebäude restaurieren. Besonders prunkvoll präsentiert sich neben dem Barock-Gebäude auch die großzügige Vorfahrt inklusive des großen Eingangstors, die den königlichen Kutschen und Wagen genügend Platz bot. Ein deutlicher Unterschied zum **Hardenbergschen Haus,** das direkt an der Straße liegt. Auf der anderen Straßenseite, gegenüber vom Fürstenhaus, entstand 1736 eine Meierei, die 1780 zum Wagenhaus für die königlichen Wagen umfunktioniert wurde. Sie befinden sich heute im Historischen Museum.

Wir laufen ein kleines Stück zurück zur Kreuzung, um rechts auf die Straße **Am Großen Garten** einzubiegen. Bei der nächsten Möglichkeit nehmen wir die Abzweigung nach rechts in den **Morgensternweg.** Mit dem **Architektenviertel 6** am Morgensternweg hat der Stadtplaner Eberhard Kulenkampff den Geschmack seiner Kollegen getroffen. Das Viertel erhielt seinen Namen durch den Andrang von Architekten auf das Viertel – wie beispielsweise Friedrich Lindau, Gründer der Architektenkammer Niedersachsen, und dem Künstler, Maler und Bildhauer Stefan Schwerdtfeger, der unter anderem das Leibniz-Denkmal entworfen hat. Ein Architektenviertel war aber nicht der ursprüngliche Plan von Kulenkampff. Vielmehr wollte er eine Siedlung bauen, die zwar geschlossen wirkt, aber trotzdem unterschiedliche Wohntypen aufweist. Die aus mehr als 50 Parzellen bestehende Siedlung umfasst neben den Adressen im Morgensternweg auch welche im Ringelnatzweg sowie entlang der Alten Herrenhäuser Straße. Das heutige Architektenviertel befindet sich auf dem Gebiet des ehemaligen landesherrlichen Hofgestüts Herrenhausen. Mit der Bebauung im Jahre 1969 entstand erstmals auf dem Gebiet der Stadt Hannover ein zur Bebauung mit Flachdächern freigegebenes Gebiet für Einfamilienhäuser. Das Viertel steht heute unter Denkmalschutz. Am Ende der Straße biegen wir in den **Ringelnatzweg** ein und sehen so nun auch noch einen weiteren Teil des Viertels.

Aus dem Architektenviertel bewegen wir uns nun in eine gemütliche Ecke des Stadtteils: Dafür biegen wir am Ende des **Ringelnatzwegs** links ab, dann direkt wieder rechts in

Architektenviertel

die **Astrid-Lindgren-Straße.** Wir überqueren die **Herrenhäuser Straße** und folgen der **Böttcherstraße,** biegen nach links und direkt rechts ab, bis wir vor dem Eingang der **Herrenhäuser Kirche** 7 stehen. Sie ist vergleichsweise jung und gehört der evangelisch-lutherischen Kirchengemeinde Herrenhausen-Leinhausen. Zwischen 1904 und 1906 wurde sie nach einem Wettbewerb vom Architekten Rudolph Eberhard Hillebrand erbaut. Für Hillebrand war es schon die fünfte Kirche in Hannover, unter anderem hat er auch die Lutherkirche und die Marienkirche gebaut. 1891 wurde Herrenhausen nach Hannover eingemeindet und bekam 138.000 Reichsmark von der Großstadt, um den Wunsch nach einer eigenen Kirche in die Tat umzusetzen. Die andere Hälfte des 276.000 teuren Baus wurde durch Spenden und Sammlungen erbracht. Hillebrand verwendete Sandstein für den 72 Meter hohen neugotischen Bau. Besonders charakteristisch sind die vier kleinen Wachhäuschen am Dach des Kirchturms. Von der Plattform darunter hat man einen schönen Blick über Hannover, Kirchturmbesteigungen sind möglich.

Herrenhäuser Kirche

Der Kirchturm bietet einen schönen Ausblick.

Von hier aus bewegen wir uns nun in den geschäftigeren Teil von Herrenhausen: Dafür folgen wir der **Löpentinstraße,** biegen an der nächsten Kreuzung links ab auf die **Herrenhäuser Straße** und folgen ihr ein gutes Stück bis zum **Her-**

Herrenhäuser Brauerei

renhäuser Markt 8. Wir stehen nun mitten im Herzen des Stadtteils, denn hier trifft man sich, kauft ein, geht essen oder zum Arzt. Das Zentrum des Stadtteils hat sich in den vergangenen zehn Jahren spürbar verändert: 70 Jahre lang prägte der größte Zivilschutzbunker von Hannover das Gebiet am Herrenhäuser Markt. Im Sommer 2013 kaufte die Wohnungsgenossenschaft Herrenhausen den Betonkoloss von der Stadt, mit der Auflage, ihn abzureißen. 2013 stellte die Wohnungsgenossenschaft das Forum fertig. Das große Zentrum ist ein Mix aus Wohn-, Geschäfts- und Ärztehaus. Die Wohnungen können sich sehen lassen: großzügig geschnitten, gehobene Ausstattung, Conciergeservice, energiesparend und die wichtigsten Einkaufsmöglichkeiten im Haus. An der Hauptfront des Forums entlang der Herrenhäuser Straße stand zu dieser Zeit nach wie vor der Hochbunker. Mit einer großen Abrissparty wurde dieser dann 2014 dem Erdboden gleichgemacht. Nun steht an der Stelle des Bunkers ein vier- bis fünfgeschossiger Neubau im gleichen Stil wie die anderen Wohnhäuser. Einen Gegensatz zu den Neubauten bildet der Industriebau auf der gegenüberliegenden Straßenseite: Dort befindet sich seit 1868 die

Herrenhäuser Markt

Brinksitzerhaus

Herrenhäuser Brauerei. Sie ist in der Stadt vor allem für das Herrenhäuser Pilsener Bier, auch „Herri" genannt, bekannt und beliebt.

Wir folgen der **Meldaustraße,** die an den Geschäften entlangführt, biegen dann rechts in die **Haltenhoffstraße** ab, auf der wir bleiben, bis es nach rechts in die Schaumburgstraße geht. In senfgelber Farbe leuchtet das flache Fachwerkhaus auf der rechten Seite in der Schaumburgstraße – das **Brinksitzerhaus 9.** Das kleinste Haus der Straße trägt die Nummer 24. Das Bauernhaus ist vermutlich um 1750 entstanden und unterscheidet sich deutlich von den Bauten in der Alten Herrenhäuser Straße: Es ist etwas windschief, recht klein, irgendwie unperfekt. Das Brinksitzerhaus wurde von Zimmerleuten gebaut, während das Pagenhaus und seine Nachbargebäude viel solider von Architekten geschaffen wurden. Trotz ihrer unterschiedlichen Bauweise eint sie neben dem Fachwerkstil auch die gelbe Farbe. Tatsächlich stand das Brinksitzerhaus nicht immer hier in der Schaumburgstraße. Es musste umgesiedelt werden, um für das herzogliche Schloss Platz zu schaffen. Damit gehörte es fortan zur Neustadt, die bis 1707 an der **Schaumburgstraße** angelegt wurde.

Die Häuser eint nicht nur das Fachwerk, sondern auch die gelbe Farbe.

Mit dem Gelb von Herrenhausen vor Augen beenden wir diesen Spaziergang und folgen der **Schaumburgstraße** bis zur **Herrenhäuser Straße.** Dann biegen wir links ab und laufen zurück zur **U-Bahn-Haltestelle.** Schade eigentlich, dass wir nicht mit einer Kutsche abgeholt werden.

Glockenläuten in der
HERRENHÄUSER KIRCHE

Die Herrenhäuser Kirche lädt zu einem besonderen Ereignis ein: Wer Lust hat, kann die Kirchenglocken selbst zum Schwingen bringen und das Geläut in den ganzen Stadtteil hinausschicken. Hierzu wurden an die Glockenjoche sogenannte Läutearme angebracht, an deren Enden jeweils ein Seil befestigt wird. Die Seile führen durch den Boden der Glockenstube herab in die Läutestube, von wo aus dann das Läuten per Hand möglich ist. Eine Voranmeldung ist aber nötig. In den 1960er-Jahren wurde die originale Jugendstil-Ausmalung der Kirche kurzerhand überstrichen und der zentrale Radleuchter entfernt. 1994 entschloss sich der Kirchenvorstand zusammen mit dem zuständigen Amt der Landeskirche, den Kirchenraum in seiner ursprünglichen Gestaltung wiederherzustellen.

12 SÜDSTADT

Start/Ziel: U-Bahn-Haltestelle Marienstraße
(GPS 52°22'11.4"N 9°45'09.9"E)
Länge: ca. 5 Kilometer
Dauer: ca. 2 Stunden
ÖPNV: Haltestelle Marienstraße, U-Bahn-Linien U 4, U 5, U 6
Parken: In den umliegenden Straßen gibt es kostenpflichtige Parkplätze

Unterwegs entdeckt:

1 Lodderbast Kino
2 Aegidienwald
3 Theater am Aegi
4 Sprengel Museum
5 Kunst am Nordufer
6 Kiosk Am Graswege
7 Künstler-Werkstatt-Atelier two lives
8 Eisfabrik
9 Kunstschule KunstWerk
10 Kunst und Kitsch
11 Tanke

Essen + Trinken:

Der Name stammt eigentlich von einem ehemaligen Möbelhaus. Das Restaurant **Spandau-Süd** hat zwar auch eine stilvolle Einrichtung, doch der Fokus liegt auf der guten und abwechslungsreichen Küche. Hier ist für jeden etwas dabei, ob zum Mittag-, Abendessen oder einfach für zwischendurch (Lutherstraße 38, 30171 Hannover, Tel. 05 11/65 39 40 18, http://spandauprojekt.de).

Das **Högers 1910** besticht mit seiner entspannten Atmosphäre – hier fühlt man sich wie zu Hause. Nicht zuletzt wegen der regionalen und frischen Küche mit Omas Geheimrezepten und deutschen Klassikern. Mit viel Liebe zum Detail erinnert das Ambiente an das erste Restaurant in dieser Location, ein Ort zum Wohlfühlen (Oesterleystraße 5–7, 30171 Hannover, Tel. 05 11/5 10 64 25, https://hoegers-1910.de).

Kunst und Kultur

Bei der Südstadt denkt man erst mal an den Maschsee und die Hildesheimer Straße. Doch der immer beliebter gewordene Stadtteil hat viel mehr zu bieten, vor allem Kunst und Kultur. Und genau ihre Orte wollen wir auf diesem Spaziergang entdecken.

Ich bin ein großer Fan des Wortes urig. Urig – was so viel bedeutet wie originell oder sonderbar. Ich finde, das ist etwas Positives. Gerade im hektischen Trubel der Großstadt haben urige Orte eine gewisse Magie. Sie bringen die selbstverständliche Gelassenheit einfachen Lebens in die Stadt. Sie sind etwas Besonderes, ziehen einen an, sie sind die Antithese zur Geschäftigkeit der Stadt. Und genau an einem solchen urigen Ort wollen wir diesen Stadtspaziergang starten. Dafür laufen wir von der **U-Bahn-Haltestelle Marienstraße** zur Kreuzung am **Krankenhaus Henriettenstift** und biegen dann links in die **Berliner Allee.** Wir bleiben auf der linken Straßenseite, denn unser Ziel befindet sich dort – am Rande der Südstadt, in einem roten Klinkerbau, direkt an der Straßenecke. Hier rechnet man mit allem, aber nicht mit dem, was über dem Eingang steht: Kino. Ja, wir haben richtig gelesen und damit herzlich willkommen am kleinsten Kino der Welt! Das **Lodderbast Kino** 1 hat nur 24 Plätze auf einer Fläche von 39 Quadratmetern – das klingt nicht nur nach Wohnzimmeratmosphäre, sondern hier herrscht sie auch. Die Wände sind knallrot gestrichen, die Decke ist mit Filmplakaten tapeziert. Alles hier ist bunt, schrill, lebendig, eben urig. Über dem Tresen, bei dem sich die Besucher ihr Popcorn und ein Kaltgetränk holen, baumelt ein knallrotes Kassen-Schild. Den gleichen Ton wie das Schild und die Wand haben auch die Hocker davor, eine Filmrolle hängt an der Wand, alte samtige Kinosessel stehen darunter. Hier haben die Inhaber und Betreiber Wiebke und Johannes Thomsen nichts dem Zufall überlassen, sondern ein kleines, aber sehr aktives Programmkino geschaffen, wie man es sich in seiner Fantasie

Lodderbast Kino

nicht besser ausmalen kann. Während der Film läuft, macht man es sich in bunten 50er-Jahre-Cocktailsesseln gemütlich. Die Filme werden alle im Original mit Untertiteln gezeigt. Auf der Leinwand – entsprechend der Raumgröße kleiner als gewöhnlich – läuft eine tolle Mischung aus aktuellen Filmen, Meisterwerken vergangener Zeiten und einer Auswahl von Independent-Filmen. Jeden Monat gibt es ein Schwerpunktthema.

Von hier aus laufen wir die **Berliner Allee** wieder zurück und biegen rechts in die **Marienstraße** ab. Wir folgen der Marienstraße bis zum **Aegidientorplatz** – und sehen schon am Ende der **Marienstraße** unser nächstes Ziel: den **Aegidienwald 2.** Den Kunstwald gibt es seit 2006 auf der Verkehrsin-

Aegidienwald

sel am **Aegidientorplatz,** einem stark befahrenen Verkehrsknotenpunkt. Die Idee für die Installation stammt von den Landschaftsarchitekten Dominik Geilker und Stefanie Schmoll. Auf der mit Gras bepflanzten Fläche stehen Stangen, die an Birken erinnern. Ihre Baumkronen – in diesem Fall Windsäcke – bewegen sich mit dem Wind, ändern ihre Richtung und geben der Installation so ihre Lebendigkeit. Im Kontext einer viel befahrenen Straße wurde hier ein Kunstwerk geschaffen, das die Natur simuliert. Sonst unsichtbare Dinge werden plötzlich sichtbar, wie der Wind, der gegen die Windsäcke pustet. Die Installation gehört zu jenen Kunstwerken, die im Alltag eher untergehen. Zwar fahren täglich unzählige Autos daran vorbei, doch wirklich wahrnehmen tun es vermutlich nur die Wenigsten. Umso mehr ein Grund, dieser Installation ein paar Minuten Aufmerksamkeit zu schenken. Immerhin war sie auch nicht ganz billig: Gekostet hat sie 185.000 Euro und wurde von der Nord/LB, der Sparkasse und der Versicherungsgruppe VGH finanziert.

Theater am Aegi

Wir laufen über den **Aegidientorplatz,** überqueren die **Hildesheimer Straße** und halten vor dem **Theater am Aegi** **3**. Das darf bei diesem Spaziergang auf keinen Fall fehlen, denn Generationen von Hannoveranern haben hier schon auf den Plätzen des Kinosaals gesessen. Dementsprechend blickt das Theater auf eine lange Geschichte zurück. Im Jahr 1953 wurde es als Premierenkino mit Zusatzbühne für artistische und musikalische Darbietungen eröffnet. Damals galt es lange Zeit als modernstes Theater in Hannover. Nachdem ein Großbrand es im Jahr 1964 zerstörte, wurde es in den folgenden drei Jahren wieder aufgebaut und dann als großes Theater wiedereröffnet – mit nun 1110 Plätzen. Vielfältig wie seine Geschichte ist auch das Angebot des Theaters am Aegi: von

Sprengel Museum

Weihnachtsmärchen, Musical- und Kabarettvorstellungen, Boulevardkomödien über anspruchsvolle Oper-, Tanz- und Theateraufführungen bis hin zu Konzerten und Kongressen. Sein heutiges Erscheinungsbild mit der großen Glasfront mit Blick auf den belebten Aegidientorplatz erhielt das Theater, als es 1978 modernisiert wurde. Seit 1994 ist das Theater am Aegi ein privatisiertes Gastspielhaus und seit mehr als zehn Jahren auch die Spielstätte des Theaters für Niedersachsen. Es wird jährlich von im Durchschnitt etwa 200.000 Menschen besucht.

Von der Kultur bewegen wir uns nun wieder in Richtung Kunst: Hinter dem **Theater am Aegi** biegen wir rechts in die **Maschstraße** ab, dann rechts in die **Lemförder Straße,** bei der nächsten Gelegenheit links in die **Langensalzastraße** und direkt rechts in die **Planckstraße.** Hier am **Kurt-Schwitters-Platz** steht das **Sprengel Museum** 4 – eines der bedeutendsten Zentren moderner und internationaler Kunst des 20. und 21. Jahrhunderts. Seine Namensgeber, das Ehepaar Margrit und Bernhard Sprengel, sind quasi die Grundsteinleger des Museums. 1969 übergaben sie nicht nur ihre Sammlung moderner Kunst an die Stadt Hannover, sondern unterstützten sie auch beim Bau des Museums. So konnte im Juni 1979 dieses bedeutende Kunstmuseum eröffnet werden. Hinzu kamen die Kunstbestände aus dem Landesmuseum und dem Kestner Museum. Durch weitere Ankäufe, etwa 14.500 Dauerleihgaben und mehr als 9000 Schenkungen, wuchs die Sammlung immer weiter an. Und mit dem immer größer werdenden Bestand musste auch die Ausstellungsfläche durch einen großzügigen Erweiterungsbau vergrößert werden. Auf heute 8000 Quadratmetern befinden sich mehr als 42.000 Gemälde, Skulpturen, Zeichnungen und Druckgrafiken sowie Fotografien und Medienarbeiten. Allein zahlentechnisch kann das Sprengel Museum mit großen Museen mithalten, aber ebenso in architektonischer Hinsicht. Schon der Vorhof zum Museum mit einer Kunstinstallation und den Treppen, die zum Museum führen, ist ein Hingucker. Durch das Museum führt über eine Länge von 120 Metern die Museumsstraße als zentrale Mittelachse im unteren Geschoss –

Kunst am Nordufer

eine enge Schlucht, gepflastert wie eine Gasse, eingefasst von Sichtbetonwänden. Von dort aus gelangt man in die einzelnen Ausstellungsbereiche. Jährlich kommen etwa 150.000 Besucher hierher. Das Museum selbst ist ein moderner Bau, es liegt leicht erhöht und hat ringsum eine Terrasse – mit Blick auf den Maschsee.

Zum Maschsee wollen wir jetzt auch, dazu überqueren wir den **Kurt-Schwitters-Platz** und sind damit bei der **Kunst am Nordufer** **5** angekommen. Hier warten zwei Kunstwerke auf uns: der **Fackelträger** und der **Hellebardier.** Der **Fackelträger** steht schon seit 1936 hier. Weil in diesem Jahr die Olympischen Spiele in Berlin stattfanden, schuf der Künstler Hermann Scheuernstuhl die Skulptur in Anlehnung an sein griechisches Original. Die Statue ist 4,50 Meter hoch und wiegt 20 Tonnen. Das Monument sollte damals den Bau des Maschsees, der von 1934 bis 1936 ausgegraben wurde, würdigen. Die Statue gilt wegen ihres Nazi-Bezugs als umstritten. Die erhobene rechte Hand der Skulptur hat allerdings nichts mit den Nazis zu tun. Sie waren sogar zunächst gar nicht angetan von der Skulptur, wodurch sich die Einweihung um ein Jahr verzögerte. Ein in die Gedenkplatte eingraviertes Hakenkreuz wurde bereits 1945 entfernt, 2011 installierte die Stadt zudem ein Erklärschild. Ganz loswerden konnte der denkmalgeschützte Fackelträger sein negatives Image aber nie. Auch deshalb wurde der **rote Hellebardier** von Alexander Calder 1979 ans Maschsee-Nordufer versetzt und bildet seitdem einen herausfordernden Kontrast zu seinem umstrittenen Nachbarn. Die Stahlplastik des US-amerikanischen Bildhauers ist 8 Meter hoch, hat einen Durchmesser von 6 x 7 Meter und ein Gewicht von 6 Tonnen. Sie zeigt einen Hellebardenträger – also eine Person mit einer historischen Waffe, die vorwiegend im 14. bis 16. Jahrhundert ver-

Am Maschsee

wendet wurde. Die Skulptur wurde im französischen Tours hergestellt und ist auch ein Geschenk von Bernhard Sprengel an die Stadt Hannover. Die ersten sechs Jahre stand sie auf dem Opernplatz. Die Figur setzt ein deutliches Zeichen der Moderne gegen das aus der Zeit des Nationalsozialismus erhaltene Werk.

Kiosk Am Graswege

Wir laufen nur ein kleines Stück am **Rudolf-von-Bennigsen-Ufer** des Maschsees entlang, bevor wir nach links in den **Moocksgang** abbiegen, dann rechts in die Wiesenstraße und bei der nächsten Möglichkeit nach links in die Straße Am **Graswege.** Direkt am Spielplatz, an der Ecke **Alte Döhrener Straße/Am Graswege** stehen wir noch mal vor einer neuen Form der Kunst: einem Graffiti. Denn der **Kiosk Am Graswege** **6** wurde im Auftrag der Stadt von zwei Graffiti-Künstlern, Jascha Müller und Jonas Wömpner, umgestaltet. Die einst roten Klinkerwände, die oftmals Opfer von Schmierereien wurden, haben die Graffiti-Künstler in eine farbenfrohe Fantasielandschaft verwandelt. Der Südstadt-Kiosk ist der erste in Hannover, der von Profi-Sprayern verschönert wurde. 5000 Euro war das der Stadtverwaltung wert, die damit die Hoffnung verbindet, künftig hässliche Schmierereien fernzuhalten. So wurde der **Kiosk Am Graswege** zu einem kleinen Kunstwerk, an dem sich die Südstädter täglich erfreuen können.

Nun aber weiter durch die **Krausenstraße.** An der nächsten Kreuzung biegen wir links in die **Schlägerstraße** ab. Hier befindet sich das **Künstler-Werkstatt-Atelier two lives** **7**. Ein kleiner Laden mit großen Schaufenstern und vielen Pflanzen davor. Hier geht es nicht ums Anschauen von Kunst, sondern ums Mitmachen. Denn das two lives will ein Treffpunkt für alle Altersgruppen sein, die Freude am eigenen Gestalten mit Ton haben – und diese auch ausleben wollen.

Künstler-Werkstatt-Atelier two lives

Hier werden keine altbackenen Töpferkurse veranstaltet, das Atelier kann zu seinen Öffnungszeiten ganz individuell genutzt werden. Workshops, Schulungen und verschiedene Aktionen wie Wettbewerbe stehen auf einem abwechslungsreichen Programm. Für eine Nutzung der Werkstatt muss man sich rechtzeitig vorher anmelden, dann aber steht dem Schaffensdrang nichts mehr im Wege.

Eisfabrik

Wir laufen die **Schlägerstraße** ein kleines Stück zurück, um an der Kreuzung links in die **Birkenstraße** abzubiegen. Bei der nächsten Gelegenheit biegen wir rechts in die **Seilerstraße** ab und erreichen nach ein paar Metern auf der linken Seite unser nächstes Ziel auf diesem Spaziergang: die **Eisfabrik** 8. Statt Eis gibt es auf dem rund 5000 Quadratmeter großen Gelände der ehemaligen Klareisfabrik Tanz, Theater, Musik und bildende Künste. In den Theatersälen, Ausstellungshallen, Tonstudios und Künstlerateliers arbeiten neben Einzelkünstlern und Musikern unter anderem auch die Commedia Futura als ständiger Betreiber der Spielstätte für Tanz und Theater. Gegründet im Jahr 1982 von Wolfgang A. Piontek und Michael Habelitz sowie einer Gruppe von Künstlern zog die Commedia Futura im Jahr 1986/87 in die Eisfabrik ein. Die Zuschauer erwartet ein experimentelles multimediales Theater, das mit der Verschmelzung von Bildern auf der Leinwand und der Live-Aktion auf der Bühne spielt. Auch der Verein zur Förderung der Fotografie in Hannover als Betreiber der Galerie für Fotografie (GAF) hat seinen Platz in der Eisfabrik gefunden. Die Galerie bietet Platz für erzählende Fotografie und damit für die Geschichten, die Fotografen auf der ganzen Welt mit ihrer Kamera einfangen. Geschichten über die Menschen und ihre Lebensumstände, gesellschaftskritische Geschichten, Geschichten vor der Haustür oder aus der weiten Welt. Seit dem Kauf des Geländes Ende 1999 bildet Eisfabrik e.V. das

Galerie für Fotografie (GAF)

verwaltungstechnische und organisatorische Dach für die vielfältigen künstlerischen Aktivitäten.

Wir biegen links auf die **Seilerstraße** und direkt rechts in die **Dürerstraße,** um dann nach links wieder zurück auf die **Krausenstraße** zu gelangen. Dieser folgen wir bis zu unserem nächsten Ziel: der **Kunstschule KunstWerk 9.** In dem Haus Nummer 35, etwas versteckt im Hinterhof, bietet der gemeinnützige Verein Kurse und Projekte im kreativ-künstlerischen Bereich an. Mit ganz verschiedenen Werkzeugen und Materialien wird hier gemalt, gezeichnet, gedruckt, collagiert, konstruiert und gebildhauert. Anmelden kann sich bei den Kursen und Workshops jeder, ganz gleich ob Anfänger oder Fortgeschrittener. Angebote gibt es für Kinder und Jugendliche ebenso wie für Erwachsene. Für Erwachsene finden beispielsweise regelmäßig Acrylmalkurse statt. Kinder und Jugendliche dürfen in sogenannten Ateliergruppen entsprechend ihrem Alter selbstbestimmt nach eigenen Themen und mit frei gewählten Materialien arbeiten. Die Kunstschule fördert bewusst das Ausprobieren in einer stressfreien und entspannten Atmosphäre.

KunstWerk

Wir folgen der **Krausenstraße** und biegen rechts in die **Sallstraße** ab. Auf Höhe der Hausnummer 58/60 tauchen auf dieser Straßenseite zwei wild gefüllte Schaufenster auf. Sie gehören zum Laden **Kunst und Kitsch 10.** Alte Teetassen, Lampen, Kerzenleuchter, Puppen, Bücher, Uhren – der Laden ist eine der Ikonen der Südstadt und ein Paradies für Sammler. Hier findet man allerlei Antiquitäten und Raritäten, Überreste aus vergangenen Zeiten, Gegenstände, die eine Geschichte erzählen. In diesem Laden taucht man ab in eine andere Welt. In eine Welt der Kunst und des Kitsches. Es lohnt sich, nicht nur einen Blick in das bis oben hin gefüllte Schaufenster zu werfen, sondern auch mal einen Blick in den Laden zu wagen – falls er denn geöffnet hat. Denn mit den Öffnungszeiten

Kunst und Kitsch

DAS SPIEL MIT
DEN KATZEN
>> RAUM IST <<
2019
SOLO — AUSSTELLUNG
14. SEPT – 05. OKT
@KELLER 3
15. SEPT
– 04. OKT
DO
SO

Tanke

des Ladens ist es so eine Sache. Man weiß eigentlich nie, ob seine Tür offen ist. Immerhin hängt aber ein Zettel in der Tür mit einer Telefonnummer. Wem also das Schaufenstershopping nicht ausreicht, der kann anrufen und anschließend den Schritt hineinwagen.

Wir drehen um und folgen der **Sallstraße** in die andere Richtung. An der vierten Kreuzung geht es für uns nach rechts in die **Lutherstraße.** An der nächsten Straßenecke auf der rechten Seite befindet sich die **Tanke 11,** die alles andere ist als eine gewöhnliche Tankstelle. Fünf Studierende haben die Tanke im Mai 2019 in den Räumen einer ehemaligen Fleischerei eröffnet. Die 104 Quadratmeter sind für die Südstädter eine Mischung aus einem Ausstellungsraum für Künstler, einem Begegnungsraum für Kunstinteressierte und gleichzeitig einem Atelier und Arbeitsraum. So wie eine übliche Tankstelle alle möglichen Fahrzeuge mit Benzin versorgt, soll die Tanke eine ordentliche Portion Kreativität und Inspiration für alle Kunstinteressierten in die Südstadt bringen. Deshalb gibt es hier regelmäßig Ausstellungen, Kunstfilmabende und Diskussionsrunden rund um das große Thema Kunst.

Wir überqueren die **Lutherstraße,** um auf dem **Sonnenweg** zu bleiben. An der nächsten Kreuzung biegen wir links ab und dann direkt wieder rechts in die **Sallstraße.** Bei der nächsten Gelegenheit geht es noch mal nach links, um wieder an unserem Ausgangspunkt anzukommen: der **U-Bahn-Haltestelle Marienstraße.**

LODDERBAST

Der Name Lodderbast Kinos hat übrigens einen persönlichen Hintergrund. Die Oma des Inhabers Johannes Thomsen hat das Wort als liebevolle Bezeichnung für eine unordentliche Person benutzt. Für den Kinonamen auf dem Schild vor Ort wurden die Vokale weggelassen: LDRBST steht da – mit einem D., dessen Bauch nach links statt nach rechts zeigt. Elision ist der Fachbegriff für das Weglassen von meist unbetonten Lauten – das liegt voll im Trend.

IMPRESSUM BILDNACHWEIS

Die Deutsche Nationalbibliothek verzeichnet diese Publikation in der Deutschen Nationalbibliografie; detaillierte bibliografische Daten sind im Internet über http://dnb.d-nb.de abrufbar.

Konzeption/Gestaltung/Satz: Droste Verlag, Düsseldorf
Einbandgestaltung und Illustrationen: Britta Rungwerth, Düsseldorf
Fotos: Wiebke Wetschera
Karten: Thorsten David, Bochum
Druck und Bindung: LUC GmbH, Greven

FSC www.fsc.org MIX Papier aus verantwortungsvollen Quellen FSC® C011279

ISBN 978-3-7700-2353-0
www.droste-verlag.de